MINI DICTIONNAIRE
DE L'HISTOIRE DE France

TOME IV

LA RÉVOLUTION FRANÇAISE

Copyright 2021, Philippe Bedei

Édition : BoD – Books on Demand, info@bod.fr

Impression : BoD – Books on Demand, In de Tarpen

42, Norderstedt (Allemagne)

Impression à la demande

ISBN : 978-2-3221-8092-9

Dépôt légal : Février 2021

TABLE DES MATIÈRES

- **Présentation générale** — 11

I) LES PERSONNAGES — 13

I.1 *Les Révolutionnaires*

- **Les « modérés »** — 14

Nicolas de Condorcet — 14

Dominique Garat — 15

L'abbé Grégoire — 16

Jean-Denis Lanjuinais — 17

René le Chapelier — 18

Jean-Joseph Mounier — 19

Adrien Duport — 20

Alexandre de Lameth — 21

- **Les « Girondins »** — 22

Jean-Marie Roland — 22

Pierre Vergniaud	23
Jacques Brissot	24
Manon Roland	25
Jérôme Pétion	26
Armand Gensonné	27
Elie Guadet	28
Jean-Bertrand Féraud	29
François Buzot	30
Charlotte de Corday	31
• **Les « Montagnards »**	**32**
Marc Vadier	32
Jean-Baptiste Lindet	33
Jean-Marie Collot d'Herbois	34
Philippe Fabre d'Églantine	35
Stanislas Fréron	36
Georges Couthon	37
Jean-Pierre Amar	38

Bertrand Barère	39
François Chabot	40
Jacques Billaud-Varenne	41
Maximilien de Robespierre	42
Georges Danton	43
Jean-Marie Hérault de Séchelles	44
Louis Le Peletier de Saint-Fargeau	45
Camille Desmoulins	46
Louis Saint-Just	47
• Les « radicaux »	**48**
Jean-Paul Marat	48
Antoine Fouquier-Tinville	49
Jacques Roux	50
Jean-Baptiste Carrier	51
Jacques-René Hébert	52
François Hanriot	53
Pierre Gaspard Chaumette	54

Jean-François Varlet — 55

- **Les chefs militaires** — **56**

François Kellermann — 56

Jacques Dugommier — 57

Charles Dumouriez — 58

Adam Custine — 59

François-Joseph Westermann — 60

Jean-Baptiste Kléber — 61

Lazare Carnot — 62

Louis-Marie Turreau — 63

Jean-Charles Pichegru — 64

Jean-Baptiste Jourdan — 65

Lazare Hoche — 66

François Marceau — 67

1.2   Contre-révolutionnaires et autres — 68

- **Les royalistes** — **68**

Comte de Montmorin	68
Duc de la Rochefoucault-Liancourt	69
Princesse de Lamballe	70
Marquis de Lally-Tollendal	71
Joseph de Maistre	72
Baron de Batz	73
Louis de Bonald	74
Stanislas de Clermont-Tonnerre	75
Madame Elizabeth	76
• **Les chefs vendéens**	**77**
Maurice d'Elbée	77
Jean-Nicolas Stofflet	78
Jacques Cathelineau	79
Marquis de Bonchamps	80
François Charette de la Contrie	81
Marquis de Lescure	82
Henri de la Rochejaquelein	83

- **Les personnalités diverses**   **84**

Joseph Guillotin   84

Choderlos de Laclos   85

Antoine de Lavoisier   86

Toussaint-Louverture   87

« Philippe Égalité »   88

Olympe de Gouges   89

Jacques David   90

André Chénier   91

Jean Cottereau   92

II) LES BATAILLES (et autres conflits intérieurs) 93

- **Contre la Première coalition**   **94**

Les forces en présence (1792-1795)   94

Jemappes (novembre 1792)   95

Neerwinden (mars 1793)   96

Hondschoote (septembre 1793)   97

Wattignies (octobre 1793)	98
Wissembourg (décembre 1793)	99
Toulon (décembre 1793)	100
Guerre du Roussillon (mai 1794)	101
Fleurus (juin 1794)	102
Occupation de la Hollande (janvier 1795)	103
Annexion de la Belgique (octobre 1795)	104
• Contre la Vendée	**105**
Insurrection générale (mars 1793)	105
Cholet (octobre 1793)	106
« Virée de Galerne » (décembre 1793)	107
Quiberon (juillet 1795)	108
• Conflits intérieurs	**109**
Exécution de Louis XVI (janvier 1793)	109
Chute des Girondins (juin 1793)	110
Révoltes fédéralistes (juin-juillet 1793)	111
Émeutes parisiennes (septembre 1793)	112

Massacres de Lyon (novembre 1793)	113
Chute des factions (mars-avril 1794)	114
Conspirations des « prisons » (avril 1794)	115
« Grande Terreur » (juin 1794)	116
Chute de Robespierre (juillet 1794)	117
Réactions thermidoriennes (1794-1795)	118
« Terreur blanche » (mai-juin 1795)	119
13 vendémiaire (octobre 1795)	120

III) <u>LES TRAITÉS</u> — 121
(et autres évènements notables)

- **Traités** — 122

La Jaunaye (02/1795)	122
La Mabilais (04/1795)	123
Bâle (04/1795)	124
La Haye (05/1795)	125
Bâle (07/1795)	126

- **Autres évènements notables**   **127**

Comité de sûreté générale (10/1792)   127

« L'armoire de fer » (11/1792)   128

Tribunal révolutionnaire (03/1793)   129

Comité de salut public (04/1793)   130

Constitution de l'An I (06/1793)   131

Culte de la Raison (08/1793)   132

Loi des suspects (09/1793)   133

Calendrier révolutionnaire (10/1793)   134

Suppression de l'esclavage (02/1794)   135

Fête de l'être suprême (06/1794)   136

Abolition de la loi du maximum (12/1794)   137

Constitution de l'An III (08/1795)   138

RÉFLEXIONS GÉNÉRALES — 139

- Introduction — 139
  - 1. Des moments si différents — 140
  - 2. Du bleu partout — 149
  - 3. Les aiguillons de la Révolution — 154
  - 4. Les « héros » de la Révolution — 158
- Conclusions — 164

INDEX DES PERSONNES CITÉES NE FAISANT PAS L'OBJET D'UNE FICHE — 165

Présentation générale

Cet ouvrage est le quatrième d'une série de dix tomes se rapportant aux grands personnages et aux moments-clés de l'histoire de France.

Les périodes couvertes par chacun des tomes sont indiquées ci-après :

Tome 01 : Les Capétiens directs

Tome 02 : Les Valois

Tome 03 : Les Bourbons

Tome 04 : La Révolution Française

Tome 05 : Directoire, Consulat et Ier Empire

Tome 06 : Les Monarchies parlementaires

Tome 07 : Seconde République et Second Empire

Tome 08 : La Troisième République

Tome 09 : La guerre 39-40, Vichy et le gouvernement provisoire

Tome 10 : La Quatrième république

Le contenu détaillé de chaque tome se présente sous la forme d'un mini dictionnaire renvoyant à 3 types d'items : **les personnalités** (avec leurs dates de naissance et de décès) – **les guerres** notables (et conflits intérieurs) - **les traités** (et autres évènements) significatifs.

Dans cet ouvrage, la liste des personnalités ayant marqué la période de la Révolution française n'est bien évidemment pas exhaustive, mais elle apparaît suffisamment représentative pour donner une certaine cohérence à ce mini dictionnaire. Par ailleurs, dans chaque fiche peuvent se retrouver des noms d'autres personnalités, de batailles, de conflits, de traités ou d'évènements ayant fait, eux aussi, l'objet d'une fiche. On les reconnaîtra au fait qu'ils apparaîtront en gras dans la fiche. Enfin, pour clore cet ouvrage, on trouvera également quelques **réflexions générales** sur la période examinée.

Concernant ce tome 04, consacré à la Révolution française, l'auteur a choisi l'option de commencer celle-ci au 21 septembre 1792, **date de la chute de la royauté en France.** Et de la clore au 31 octobre 1795, **date des débuts du Directoire**. Ce choix est dicté par le fait que « la Révolution » fut une période particulièrement riche en évènements de toute nature, mettant en scène de très nombreux protagonistes. La période de la révolution antérieure au 21 septembre 1792 a été traitée dans le tome 03 de cette collection, consacré aux Bourbons.

Philippe Bedei

I) LES PERSONNAGES

Les Révolutionnaires
(les modérés)

Nicolas de Condorcet (1743-1794)

Nicolas Caritat, marquis de Condorcet, aristocrate aux idées libérales, fut l'une des fortes personnalités de la fin du XVIIIe siècle. Mathématicien de talent, homme des « Lumières », philosophe, économiste, Condorcet travailla sur de nombreux thèmes, avec d'autant plus de succès que sa formation d'origine le rendait rigoureux et créatif.

Lorsque survint la Révolution, Condorcet s'intéressa tout naturellement aux nouvelles idées politiques, partant du principe que la rationalisation de la société ne pourrait qu'améliorer la condition humaine. Élu de la Législative et de la Convention, il présenta des projets novateurs en matière d'instruction publique et de droits de l'homme, mais ne fut guère suivi en raison de l'avance intellectuelle qu'il avait sur nombre de ses compatriotes. En janvier 1793, il vota lors du **procès du roi** pour l'appel au peuple et la détention perpétuelle, s'alignant sur le vote des Girondins, comme il le faisait fréquemment. Profondément démocrate, il critiqua la Constitution de 1793 qui mettait en œuvre une politique coercitive, annonçant la Terreur. Un député montagnard, dénommé **Chabot** l'accusa alors d'être un conspirateur et un ennemi de la République. Décrété d'arrestation pour ses prises de position modérées, en pleine « terreur » Condorcet fut arrêté en mars 1794. Il se suicida (probablement) en prison.

Les Révolutionnaires
(les modérés)

Dominique Garat (1749-1833)

Dominique Garat était avocat de profession et féru de littérature par goût. Établi à Paris vers 1773, il se lia avec les grands philosophes de son temps (Diderot, Helvétius, d'Alembert, **Condorcet**…) et se fit connaître par des articles au « *Mercure de France* » et divers éloges académiques.

On ne sait pas trop pourquoi il s'engagea en politique en étant élu député aux États Généraux, d'autant qu'il se montra assez prudent sous la Constituante.

Ami des Girondins, ce fut **Brissot** qui vint le chercher, en octobre 1792, pour succéder à **Danton** au poste de ministre de la Justice. À ce titre, et plutôt embarrassé, c'est lui qui notifia au roi sa sentence de mort.

Fin janvier 1793, il poursuivit sa carrière ministérielle en succédant au Brissotin **Roland** comme ministre de l'Intérieur. Il avait été choisi notamment pour son manque de fermeté et de conviction. De fait, complétement dépassé par les évènements, il n'empêcha pas **l'arrestation des députés girondins**, en juin 1793 et fut lui-même brièvement arrêté, trois mois plus tard, après avoir été démis de ses fonctions.

Par la suite, sous le Directoire et le Consulat, il n'occupa plus que des postes de représentations. Il fut également reçu à l'Académie française, puis nommé membre des Sciences morales et politiques.

Les Révolutionnaires
(les modérés)

L'abbé Grégoire (1750-1831)

Henri Grégoire, dit « l'abbé Grégoire », fut l'une des figures marquantes de la Révolution française et continua une étonnante carrière par la suite. À la fois érudit, homme d'église et républicain convaincu, il contribua à la rédaction de la Constitution civile du clergé et parvint à convaincre un grand nombre d'ecclésiastiques hésitants.

Premier prêtre à prêter serment, il fut « élu » évêque, ce qui le consacra chef de l'Église constitutionnelle de France. Son action en faveur de la justice le conduisit autant à rejeter les inégalités de l'ancien régime qu'à demander et obtenir **l'abolition de l'esclavage**. Cependant, durant la terreur, il n'hésita pas à condamner fermement et vigoureusement la déchristianisation des années 1793 et 1794. Ainsi qu'à s'opposer autant au **culte de la « Raison »** qu'à celui de **« l'Être Suprême »**. Après **Thermidor**, il fut d'ailleurs le premier à demander la réouverture des lieux de culte.

Sous le Directoire, il s'efforça de réorganiser l'Église constitutionnelle et tenta de mettre sur pied une véritable Église gallicane qui lui fit critiquer le concordat de 1801. Pendant l'Empire, il écrivit de nombreux ouvrages qui le consacrèrent comme l'un des rares opposants à Napoléon et bien qu'exclu des fonctions publiques sous la Restauration, il fut encore élu député en 1819. Ses cendres furent transférées au Panthéon en décembre 1989.

Les Révolutionnaires
(les modérés)

Jean-Denis Lanjuinais (1753-1827)

Jean Denis Lanjuinais effectua de brillantes études de droit à la faculté de Rennes. Élu député aux États généraux de 1789, puis député d'Ille-et-Vilaine à la Convention nationale. Bien que s'étant opposé à l'autocratie de Bonaparte, il poursuivit sa carrière politique comme sénateur du Premier Empire et membre de la Chambre des pairs, sous la Restauration.
En 1789, Lanjuinais fut désigné comme rédacteur des cahiers de doléances du tiers état de la sénéchaussée de Rennes, dans lesquels il demandait notamment l'abolition des droits féodaux et de la noblesse en tant qu'ordre. Il devint, avec **Le Chapelier,** l'un des principaux fondateurs du club Breton, ancêtre du club des Jacobins. Brillant orateur, ses discours brefs, incisifs et toujours véhéments, firent toujours forte impression sur l'Assemblée. Il prit une part prépondérante à l'élaboration de la Constitution civile du clergé. Profondément démocrate, il tenta d'empêcher les dérives du **procès de Louis XVI** *« Nous ne pouvons être à la fois dans la même affaire et législateurs, et accusateurs et juges »* Il se battit également contre **Marat** et les menées factieuses de la Commune. Après la **chute des Girondins**, il fut déclaré traître à la patrie par la Convention et dut fuir Paris. Il reviendra après la **chute de Robespierre** et sera l'un des rédacteurs de la **Constitution de l'an III.**

Les Révolutionnaires
(les modérés)

René le Chapelier (1754-1794)

Le Chapelier fut l'archétype de cette multitude d'avocats que la Révolution française poussa à faire de la politique. Élu de la sénéchaussée de Rennes, son activité le fit immédiatement remarquer. Rédacteur, avec Barnave, du « serment du jeu de paume », il fut également l'un des fondateurs du « club Breton », futur club des Jacobins. C'est lui encore qui présida l'Assemblée constituante lors de la célèbre nuit du 4 août 1789, où tombèrent de nombreux privilèges. Plus tard cependant, il souhaita que le rôle joué par les clubs, faisant une surenchère permanente, s'efface devant la constitution à venir (**celle de 1791**). On l'accusa alors de vouloir rétablir l'autorité royale. Certaines amitiés contractées chez les Feuillants le rendirent également suspect auprès de ses anciens amis jacobins. Un voyage en Angleterre permit à ses adversaires de le faire considérer comme émigré. Le terrible **Carrier** ayant opéré le séquestre de ses biens, Le Chapelier dut revenir en France pour empêcher leur confiscation totale.

Arrêté, **Robespierre** le fit condamner à mort par le **Tribunal révolutionnaire** parisien. Il mourut sur l'échafaud en 1794. Son nom est cependant passé à postérité en raison de la loi du 14 juin 1791, dont il fut l'auteur et le rapporteur, interdisant toute association ou coalition entre citoyens de même profession. Une loi interdisant, de facto, le droit de grève. Une loi qui ne fut abolie qu'en 1864 !

Les Révolutionnaires
(les modérés)

Jean-Joseph Mounier (1758-1806)

Avocat au parlement de Grenoble, il provoqua la réunion à Vizille des États du Dauphiné, en juillet 1788, au cours de laquelle les trois ordres firent front commun pour obtenir la convocation des États Généraux. Élu député du tiers, il fut de ceux qui imposèrent le « serment du Jeu de paume », en juin 1789. On lui doit également les trois premiers articles de la « Déclaration des droits de l'homme ». Dans la nuit du 4 août 1789, malgré l'enthousiasme ambiant, il n'oublia pas de défendre le droit de propriété. Lors des journées d'octobre 1789, durant lesquelles des milliers de parisiennes emmenées par Maillard (l'un des meneurs de la Bastille) obligèrent la famille royale à revenir vivre aux Tuileries, il se montra surpris de la lâcheté du roi s'étant laissé imposer la volonté populaire. Comme son ami Barnave, Mounier n'était donc pas un révolutionnaire pur et dur. C'était un ardent partisan d'une monarchie à l'anglaise, avec un bicamérisme marqué, un droit de veto pour le roi et des citoyens élus seulement au vote censitaire. Déçu par la montée insidieuse et permanente d'un pouvoir difficilement contrôlable, fondé notamment sur des mouvements de foules manipulées, il donna sa démission de député, dès novembre 1789. Par la suite, il vécut en exil dans divers pays européens. Revenu en France, en 1801, il termina sa carrière comme préfet d'Ille-et-Vilaine.

Les Révolutionnaires
(les modérés)

Adrien Duport (1759-1798)

Brillant avocat, franc-maçon influent, Adrien Duport fut l'un des jeunes talents initiaux d'une Révolution qu'il avait appelée de tous ses vœux. Élu à la Constituante, il forma avec Barnave et **Lameth** un « triumvirat » très influent au début des évènements. À la différence des monarchiens, comme **Lally-Tollendal, Mounier** ou Malouet, il faisait partie de ceux favorables à l'instauration d'une monarchie constitutionnelle très encadrée avec une seule chambre et un roi ne disposant que d'un droit de veto suspensif.

Mais comme les monarchiens, progressivement les excès révolutionnaires commencèrent à lui faire peur. Non éligible à la Législative, il fut de ceux qui créèrent le club des Feuillants pour contrecarrer celui, très actif, des Jacobins. Avec ses amis, il aida (avec succès) à ce que des membres de son club deviennent des ministres de Louis XVI, tels de Lessart et Narbonne. Mais il était déjà trop tard. Hostile à la guerre que désiraient à la fois Louis XVI et les Girondins (pour des raisons diamétralement opposées), il ne put que constater la violence progressive des sections parisiennes de sans-culottes. Ayant fui Paris au lendemain de l'arrestation du roi, le 10 août 1792, il s'exila d'abord en Angleterre, puis en Suisse.

Revenu brièvement en France après **la chute de Robespierre**, il dut s'exiler de nouveau, en Suisse, où il mourut de la tuberculose.

Les révolutionnaires
(les modérés)

Alexandre de Lameth (1760-1829)

De sa participation à la guerre d'indépendance américaine, Alexandre de Lameth rapporta des idées de liberté qui l'amenèrent à mettre en cause les institutions monarchiques. Colonel de cavalerie, il fut élu par la noblesse mais se rallia au tiers état dans la nuit du 4 août 1789, en soutenant notamment que le droit de paix ou de guerre n'appartenait qu'à la nation. Il exigea également la liberté de la presse tout en dénonçant les agissements de Mirabeau entretenant des liens avec la cour.

Lameth formait alors avec Antoine Barnave et **Adrien Duport,** un triumvirat siégeant, à l'époque, à l'extrême gauche de l'Assemblée. Avec ses amis, il se montrait alors le fer de lance de la Révolution. Il se signala également par son ardeur à réclamer la réquisition des biens ecclésiastiques pour le paiement des créanciers de l'État. Plus tard il s'opposa au veto absolu du roi, et proposa la nationalisation des biens du clergé. Enfin, il présenta et fit adopter un plan de réorganisation militaire, écartant tout autre titre à l'avancement que le mérite et l'ancienneté. Cependant, comme de nombreux vrais « faux » révolutionnaires, inquiet de la tournure que prenaient les évènements, il se rapprocha des monarchiens.

Après le 10 août 1792, mobilisé, il se livra avec La Fayette aux Autrichiens. Libéré après trois ans de détention, il s'exila à Hambourg et revint en France après le coup d'État de Bonaparte, qui le fera baron d'empire.

Les Révolutionnaires
(les Girondins)

Jean-Marie Roland de la Platière (1734-1793)

De profil scientifique, Roland s'intéressa initialement aux manufactures. En 1780, il épousa **Manon Philipon,** une femme de 20 ans plus jeune que lui. Installé à Lyon mais enthousiasmé par la Révolution, il se fit élire à l'Assemblée législative. Le couple monta alors à Paris et s'engagea rapidement.
Après la fuite du roi, en juin 1791, Roland se rapprocha des milieux girondins. Lié à **Brissot**, il fut, comme lui, favorable à la guerre contre l'Autriche. En mars 1792, il entra dans le ministère girondin, où il détint le portefeuille de l'Intérieur. Toujours avec le soutien de son épouse, tenant salon et devenue l'égérie des Girondins, il mena alors une politique de propagande révolutionnaire, s'appuyant sur les sociétés populaires. Mais il fut renvoyé, avec l'ensemble du ministère girondin, par Louis XVI, en juin 1792. Après l'arrestation du roi, il redevint ministre de l'Intérieur. Mais complétement dépassé par les évènements, il laissa faire les massacres de septembre 1792. Élu député à la Convention, il renonça à siéger, préférant rester ministre. Il fut alors l'objet de vives attaques de la part des Montagnards, qui l'accusèrent d'avoir détruit des papiers compromettants de « **l'armoire de fer** ».
Proscrit avec ses amis girondins, en juin 1793, Roland parvint à se cacher à Rouen, mais se suicida lorsqu'il apprit l'exécution de son épouse, en novembre 1793.

Les Révolutionnaires
(les Girondins)

Pierre Vergniaud (1753-1793)

Député charismatique de la Gironde à la Législative et à la Convention, Pierre Vergniaud fut l'un des plus célèbres porte-voix girondins. Orateur de talent, pourfendeur de ceux qui avaient émigré où des prêtres réfracteurs, il se montra favorable à la guerre pour réorienter la révolution contre un ennemi extérieur. Dès lors, il se montra très critique contre le supposé « comité autrichien » mis en place par la Reine. Début juillet 1792, il prononça le plus célèbre de tous ses discours, acte capital d'accusation contre la royauté, mais se montra réticent et hésitant lorsqu'il fallut passer aux actes. Ce qui, ainsi que sa fréquentation régulière des salons, le rendit progressivement suspect aux sans-culottes parisiens. À partir de l'automne 1792, son attitude changea. Comprenant que l'on se dirigeait inexorablement vers le procès du roi, il commença à édulcorer son propos et à se montrer de moins en moins sûr de ses accusations. À deux reprises, il s'opposa à la discussion demandant la **déchéance de Louis XVI**. Il vota cependant la mort du roi. Mais progressivement emporté dans le conflit « Gironde-Montagne » il dénonça la pression des sections parisiennes qu'il ira jusqu'à accuser de despotisme. Mis en accusation, en juin 1793, par les plus extrémistes des Montagnards, ne bénéficiant plus du soutien du « Marais », lui-même tétanisé à l'idée d'être taxé de contre-révolutionnaire, il fut mis en accusation et mourut dans la charrette des Girondins exécutés en octobre 1793.

Les révolutionnaires
(les Girondins)

Jacques Brissot (1754-1793)

Jacques Brissot fut un personnage à deux facettes. Jusqu'en 1789, son parcours personnel fut pour le moins sinueux et confus. Écrivain raté, il fut (notamment) emprisonné pour dettes à Londres, puis embastillé à Paris pour des pamphlets contre la Reine. Cependant, comme bien d'autres, la Révolution va le révéler. Il ne s'imposa cependant sur la scène politique qu'à l'été 1791. Élu député, il dirigea la politique étrangère de la Législative, dont il devint le leader, de l'automne 1791 au printemps 1792. Sa politique belliciste faisait alors l'unanimité, à l'exception de **Robespierre**, qui considérait qu'un conflit militaire détournait l'objet majeur de la Révolution. À l'inverse, la guerre devait, selon Brissot, affirmer celle-ci en opposant le principe de la liberté universelle à celui du despotisme. Cette période, durant laquelle il apparut comme le chef du Parti girondin - on parlait alors de Brissotins - marqua son apogée, mais son étoile déclina avec les premières défaites militaires et la journée du 10 août 1792, qui vit l'arrestation du roi. Réélu à la Convention, Brissot s'y montra farouchement hostile à la démocratie directe, dénonçant avec virulence le pouvoir des sections parisiennes. Exclu du club des Jacobins, en octobre 1792, la trahison de son ami **Dumouriez** n'arrangea pas ses affaires. D'octobre 1792 à mai 1793, il s'opposa alors à **Robespierre** pour le contrôle de la Convention, un duel qu'il perdit et qui lui vaudra la guillotine, en octobre 1793.

Les Révolutionnaires
(les Girondins)

Manon Roland (1754-1793)

Jeanne-Marie Philipon naquit à Paris, au sein d'une famille bourgeoise. Curieuse de nature, précoce et autodidacte, elle prit très tôt plaisir à se cultiver dans de nombreux domaines, plus particulièrement la philosophie et la botanique. Pour sortir du joug familial, elle épousa, sans amour, **Jean-Marie Roland de la Platière** en 1780, un manufacturier riche et érudit, de 20 ans son aîné.
En 1791, la Révolution française saisit le couple. L'époux fut élu à la Législative. Les Roland s'installèrent alors à Paris et Manon se lança éperdument dans la politique. Elle créa un salon qui accueillit rapidement les principales personnalités du mouvement girondin, dont **Buzot** avec qui elle connut une passion partagée. Bien que brouillonne et exaltée, elle devint l'égérie des Girondins. Son mari devenant ministre de l'Intérieur, en mars 1792, elle joua alors un rôle de conseillère de l'ombre. Après les « massacres de septembre 1792 » qui l'horrifièrent, elle tint **Georges Danton** pour principal responsable et l'exécra jusqu'au bout. Trop entière dans ses « dégoûts », elle devint progressivement la cible des Montagnards. Fatigué de lutter, le couple Roland se retira progressivement de la vie publique à compter de janvier 1793, sans pour autant renoncer complétement à la politique. **Fin mai 1793, de nombreux Girondins, dont Manon, furent arrêtés.** Transférée à la Conciergerie, cette dernière y resta cinq mois. Elle y rédigea alors des Mémoires, qui restent un bon témoignage de l'époque girondine. Elle fut guillotinée en novembre 1793.

Les Révolutionnaires
(Les Girondins)

Jérôme Pétion (1756-1794)

Avocat, Jérôme Pétion fut élu député aux États Généraux. Bel homme, à l'éloquence aisée, à la voix forte et bien posée, il connut une grande notoriété durant la Constituante. Ami à l'époque de **Robespierre,** qui appréciait son honnêteté, il fréquenta alors le salon bouillonnant de **Madame Roland**. Chargé de négocier avec la légation de Prusse, une alliance contre l'Autriche, la fuite du roi, en juin 1791, mit fin aux pourparlers. Élu maire de Paris, il tenta par la suite de réconcilier pacifistes (**Robespierre**) et bellicistes (brissotins) qui s'accusaient mutuellement de faire le jeu de la cour. Il « canalisa » la manifestation du 20 juin 1792, grâce à la garde nationale. Suspendu de ses fonctions de maire par le département, mais rétabli par la Législative, il fit distribuer des armes au peuple la veille du 10 août 1792. Mais après cette journée cruciale, son attitude devint hésitante. Ayant eu la maladresse de prendre la défense de **Buzot** qui dénonçait la pression permanente des sans-culottes sur l'Assemblée, il fut accusé d'être du côté des Girondins. Son vote **contre la mort du roi**, ses attaques contre les incessants appels au meurtre de **Marat** l'affaiblirent également. Élu député à la Convention, il siégea clairement aux côtés des Girondins, s'attirant définitivement les foudres de **Robespierre**. Décrété d'arrestation, début juin 1793, il tenta alors d'organiser **une insurrection fédéraliste** dans le Calvados, sans succès. Il se donna la mort en même temps que **Buzot,** au mois de juin de l'année suivante, en 1794.

Les Révolutionnaires
(les Girondins)

Armand Gensonné (1758-1793)

Avocat au Parlement de Bordeaux, élu à la Législative, il incarna avec **Guadet** et **Vergniaud,** le noyau dur des Girondins.
Lors de son arrivée à Paris, il s'inscrivit à la « société des amis des Noirs », dont l'objectif était d'obtenir l'égalité entre les hommes de toute origine. Comme rapporteur du comité diplomatique, il se signala par la demande de mise en accusation des frères du roi et la déclaration de guerre à l'Autriche.
Réélu à la Convention, il demanda des poursuites contre les auteurs des massacres de septembre 1792, mais il vota **la mort du roi**, sans sursis. Pourtant, il resta jusqu'au bout l'un des Girondins les plus modérés. Gensonné se récusa dans le scrutin à appel nominal sur la mise en accusation de **Jean-Paul Marat**. Il vota en revanche, en mai 1793, pour le rétablissement de la Commission des Douze, instaurée pour enquêter sur les agissements (factieux ?!) de la Commune. Faisant clairement partie du groupe des Girondins dont les Montagnards voulaient se débarrasser, il fut dénoncé sur leur ordre par les sections parisiennes. On lui reprocha au moment de son procès un mémoire adressé au roi à la veille du 10 août. On lui reprocha également, **Robespierre** notamment, ses relations avec **Dumouriez**, le général traître à la nation.
Décrété d'arrestation en juin 1793 il aurait pu s'enfuir grâce à des complicités, mais s'y refusa : « *Je ne me fais aucune illusion sur le sort qui m'attend, mais je le subirai sans m'avilir. Mes commettants m'ont envoyé ici. Je dois mourir au poste qu'ils m'ont assigné.* »

Les Révolutionnaires
(les Girondins)

Élie Guadet (1758-1794)

Avocat à Bordeaux en 1789, Élie Guadet avait déjà acquis une solide réputation de plaideur. Président du tribunal criminel de Bordeaux, il fut élu, la même année, député de la Gironde à l'Assemblée législative. Avec **Vergniaud** et **Gensonné,** il fut l'un des fondateurs du groupe politique des Girondins. Partisan de la **constitution de 1791**, Guadet rejoignit le club des Jacobins et s'y fit le pourfendeur de ceux qui la critiquaient. Lors de l'insurrection du 10 août 1792, qui entraîna l'arrestation du roi, il s'opposa violemment à la commune insurrectionnelle de Paris. Élu à la Convention, il se prononça, lors du **procès du roi,** pour la peine de mort avec sursis. Guadet devint dès lors l'un des adversaires les plus farouches des Montagnards, notamment de **Robespierre**, mais surtout de **Marat,** contre lequel il avait déjà obtenu des poursuites en mai 1792. À nouveau, il obtint sa mise en accusation par la Convention, en avril 1793. Ce fut encore lui qui proposa, en mai 1793, la nomination d'une « commission des Douze » afin d'enquêter sur les exactions de la Commune de Paris et de veiller à la sécurité de l'Assemblée. De tels actes lui vaudront d'être l'un des premiers députés désignés comme « ennemi de la Révolution » par les sections parisiennes. Décrété d'arrestation lors de **la journée du 2 juin 1793** qui scella le sort des Girondins. Guadet s'enfuit alors en province où avec **Pétion** il participa, sans succès, à une tentative d'insurrection provinciale. Arrêté à Saint-Émilion, il fut guillotiné à Bordeaux, en même temps que nombre de ses proches.

Les Révolutionnaires
(les Girondins)

Jean-Bertrand Féraud (1759-1795)

Jean-Bertrand Féraud fut élu député à la Convention en septembre 1792. C'était un révolutionnaire actif et courageux, un peu inconscient et proche des Girondins. Il réclama la peine de mort pour les commerçants en grains accapareurs, vota la mort du **roi en janvier 1793,** mais attaqua **Marat,** l'accusant de prêcher en permanence l'incendie populaire. Envoyé en mai 1793 à l'armée des Pyrénées, il échappa ainsi à la chute de ses amis politiques qui intervint début juin. Par la suite, ses états de service plaidèrent en sa faveur et il ne fut pas emporté par la Terreur. Mais dès que les circonstances furent plus favorables, il fit partie de ceux qui s'opposèrent à **Robespierre,** jusqu'à sa chute, fin juillet 1794. Désormais « thermidorien », on fit alors appel à lui pour participer à la réorganisation des **comités de salut public** et **de sûreté générale** ainsi que de l'Armée du Nord. Nommé début mai 1795 au poste sensible de l'approvisionnement de Paris, Féraud fut malchanceux. À l'occasion d'une insurrection populaire, plus ou moins spontanée, pourchassé jusqu'à l'Assemblée, il fut considéré comme responsable des pénuries alimentaires dans la capitale (alors qu'il venait d'être nommé) et fut victime d'une balle perdue en protégeant le président de la Convention, Boissy d'Anglas. Dans le contexte de violence de l'époque, sa tête fut alors tranchée et exhibée au bout d'une pique devant le président de l'Assemblée, qui s'inclina respectueusement devant l'élu martyr.

Les Révolutionnaires
(les Girondins)

François Buzot (1760-1793)

Quand débuta la Révolution, François Buzot était avocat à Évreux. Député du tiers, il siégea à l'extrême gauche et se lia initialement à **Robespierre.** Il joua alors un rôle significatif dans la rédaction de la déclaration des Droits de l'homme, dans celle de la **Constitution de 1791**, dans la division administrative du pays en départements, dans la réorganisation des finances et dans celle de la justice. Juge au tribunal de cassation, en février 1791, il se lia ensuite avec **Manon Roland**, épouse du ministre de la Justice, dont il fut, peut-être, l'amant. Après la fuite du roi à Varennes, en juin 1791, il se prononça ouvertement pour une république et demanda la mise en jugement du souverain. Plus tard, comme de nombreux révolutionnaires de la première heure, il considéra qu'on allait trop loin. Élu à la Convention, il siégea alors parmi les amis du ménage Roland et devint un adversaire acharné de **Danton**, de **Robespierre** et des organisations révolutionnaires parisiennes. Il prononça alors de vibrants plaidoyers en faveur de la liberté individuelle et contre les **lois du maximum** sur les denrées et les salaires. Il dénonça également la collusion entre le **Comité de salut public** et le **Tribunal révolutionnaire**. Tout ceci en fit un coupable aux yeux des plus exaltés. Décrété d'arrestation, début juin 1793, il chercha à organiser une **insurrection fédéraliste** à Évreux, puis à Caen, et se réfugia finalement dans le Bordelais. Il erra de cachette en cachette, en compagnie d'autres proscrits, tels Barbaroux et **Pétion,** et se donna la mort dans les bois de Saint-Émilion.

Les Révolutionnaires
(les Girondins)

Charlotte de Corday (1768-1793)

Charlotte de Corday d'Armont rentra dans l'Histoire, le 13 juillet 1793, en assassinant le député **Jean-Paul Marat**, rédacteur en chef de « l'Ami du Peuple », un quotidien politique qui traquait les supposés « contre révolutionnaires ». D'une famille pieuse et royaliste, Charlotte vit d'abord ses deux frères émigrer pour s'engager dans l'armée de Condé. « Sublime et raisonneuse » selon Michelet, elle fut un personnage éclair de la Révolution, mêlant la naïveté de son âge à la fermeté de son caractère. Cultivée, elle adhéra rapidement à certaines idées nées du bouleversement révolutionnaire initial. Mais cette jeune femme ne voulait en retenir que les principes et les idéaux, pas les manières et exactions brutales, qu'elle jugea rapidement ignobles. Du fait de ses origines de petite noblesse, sans fortune, elle se sentit assez rapidement proche des Girondins, eux-mêmes adeptes d'une monarchie parlementaire rénovée. Ce fut pour répondre à **l'épuration girondine, de juin 1793**, qu'elle se décida à passer à l'acte. Elle projeta alors l'élimination de **Jean-Paul Marat**, symbole, selon elle, d'une terreur aveugle. Après avoir obtenu un rendez-vous avec le « tyran », Charlotte le tua d'un coup de couteau dans sa baignoire alors que **Marat** soignait une maladie de peau qui l'handicapait sérieusement. « *En tuer un pour en préserver des milliers* ». Telle était sa pensée. Jugée de façon expéditive et exécutée seulement quatre jours après son geste, tous les témoins de l'époque furent saisis de son étonnant sang froid devant l'échafaud.

Les Révolutionnaires
(les Montagnards)

Marc Vadier (1736-1828)

Vadier commença sa carrière en achetant une charge de conseiller du roi au siège présidial de Pamiers en 1770. Élu à la Constituante, il y parla peu sauf pour réclamer la déchéance du roi après Varennes. Président du tribunal de Mirepoix, en 1792, il fut élu à la Convention où sa véritable « carrière » de révolutionnaire commença. Il vota la **mort du roi,** puis devint membre du **Comité de sûreté générale**, l'un des bras armés de la « Terreur ». Rapidement surnommé « le grand Inquisiteur », il envoya plusieurs notables de l'Ariège à la guillotine. À Paris, il fut l'un des artisans de la chute de **Danton**, qu'il empêcha de se défendre, en inventant une **« conspiration des prisons »**. Il se retourna enfin contre **Robespierre**, suspect de vouloir mettre un terme à certains excès des représentants en mission, tels **Fouché** ou **Barras**. **Robespierre** inquiétant trop de monde, Vadier monta un dossier à charge contre lui grâce à une certaine Catherine Théot, prophétesse l'annonçant comme le « Messie ». Face au ridicule de l'affaire, **Robespierre** se défendit assez mal, facilitant la tâche de ceux, nombreux alors, qui l'accusaient de mysticisme pour mieux s'en débarrasser. Vadier fut ensuite poursuivi comme ancien terroriste avec **Billaud-Varenne**, **Collot d'Herbois** et **Barère**. Condamné à la déportation, il se cacha quelque temps. Finalement, emprisonné, il fut amnistié sous le Consulat. Cet homme opportuniste et cruel mourut en 1828, à Bruxelles, à l'âge avancé de 92 ans.

Les Révolutionnaires
(les Montagnards)

Jean-Baptiste Lindet (1746-1825)

Initialement avocat, puis procureur du roi dans l'Eure, Lindet fut élu à la Législative, en septembre 1791. Membre du club des Jacobins, il siégea rapidement sur les bancs de la Montagne. Réélu en 1792 à la Convention nationale, il présenta le « Rapport sur les crimes imputés à Louis Capet » devant cette assemblée. Il vota lui-même **la mort du roi**, sans sursis. Lindet fut également le rapporteur du projet de loi concernant la création du **Tribunal révolutionnaire**, effective en mai 1793. Bientôt nommé au **Comité de salut public,** il s'occupa plus particulièrement des finances, des subsistances et de la correspondance. Représentant en mission en Normandie, il réprima avec souplesse et modération les **troubles fédéralistes** dans l'Eure, puis dans le Calvados. De retour au comité, Lindet accomplit alors un important travail dans les domaines de l'agriculture, des transports et du commerce, pour lutter contre la famine qui menaçait Paris. En mars 1794, il refusa de signer le décret d'arrestation de **Danton,** déclarant à **Saint-Just** : « *Je suis ici pour secourir les citoyens, non pour tuer les patriotes* » Il ne joua aucun rôle durant le **9 thermidor** qui vit la **chute de Robespierre**. Décrété d'arrestation sous le Directoire, il fut libéré assez rapidement. Compromis à tort dans « la conjuration des égaux » de Gracchus Babeuf, il parvint à s'enfuir. Par la suite, il put se disculper. Nommé brièvement, en juillet 1799, ministre des Finances, Lindet quitta la vie politique après le coup d'État du 18 brumaire, qu'il réprouva. Il reprit alors son activité d'avocat.

Les Révolutionnaires
(les Montagnards)

Jean-Marie Collot d'Herbois (1749-1796)

Jean-Marie Collot d'Herbois fut successivement acteur de théâtre, auteur dramatique, directeur des théâtres de Genève et de Lyon avant de se fixer, en 1789, à Paris où il se prit de passion pour la révolution naissante. Membre remuant du club des Jacobins, ses idées se radicalisèrent progressivement. On le retrouva alors partout où les évènements devinrent dramatiques, de l'insurrection du 10 août 1792 marquant la chute de la royauté aux massacres de septembre qui suivirent. À compter de septembre 1793, élu par les Parisiens à la Convention, Collot d'Herbois devint l'un des membres du **Comité de salut public**, au moment de l'instauration officielle de la Terreur. Envoyé à **Lyon** pour **réprimer les fédéralistes locaux** qui s'étaient révoltés contre **la chute des Girondins** et la mise en place de la Terreur, Collot d'Herbois, en compagnie de Fouché, perdit le sens de la mesure. Des milliers de prisonniers civils furent ainsi tués directement au canon ou à la mitraille, occasionnant l'un des pires crimes de la Révolution. En réalité, de par son ancien métier de comédien, Collot D'Herbois n'était que l'un des porte-voix de la Révolution, utilisé pour répéter inlassablement des slogans imaginés au comité et les instiller dans les têtes des sans-culottes. Par la suite, il se retrouva suspect aux yeux de **Robespierre** qui voulut l'éliminer. Collot l'ayant compris fut de ceux qui le renversèrent. Cela n'empêcha pas qu'il soit lui-même mis en accusation par la **réaction thermidorienne** qui l'exila en Guyenne où il mourut des fièvres.

Les Révolutionnaires
(les Montagnards)

Philippe Fabre d'Églantine (1750-1794)

Fabre d'Églantine fut l'un des personnages atypiques de la Révolution française. Au départ, il s'orienta vers les métiers de plume (poète, dramaturge) et de théâtre (acteur, auteur). Mais, malgré un petit talent, d'ailleurs relatif, ce touche-à-tout se montra trop dilettante pour faire carrière où passer à postérité. En outre, cet homme vaniteux aimait l'argent et la vie facile. Comme un certain nombre de personnes de l'époque, peu scrupuleuses, il se servit donc de l'épisode révolutionnaire pour s'enrichir à bon compte. N'ayant lui-même aucune conviction, il pouvait se montrer dangereux pour autrui. Publiant un journal par affiches *« Compte rendu au peuple souverain »* il égalait alors **Marat** en propos furieux. Dans la même veine, de par ses appels répétés au meurtre, Fabre fut l'un des principaux responsables des « massacres de Septembre » de 1792. Il profita également de sa proximité avec **Danton** ou de ses nominations au **Comité de sûreté générale** pour accéder à des informations sensibles ou puiser dans les caisses ministérielles. Il monta ainsi de véritables escroqueries financières, assises sur les fournitures aux armées ou via des opérations spéculatives associées à la liquidation de la Compagnie des Indes. Fabre d'Églantine resta également connu pour avoir apporté sa pierre à l'an I de la République en poétisant **les mois du nouveau calendrier révolutionnaire**. À l'époque de ses ennuis, son rôle néfaste ne fut établi que très partiellement. Fabre d'Églantine fut exécuté, en avril 1794, surtout parce qu'il était l'ami de **Danton**.

Les Révolutionnaires
(les Montagnards)

Stanislas Fréron (1754-1802)

Stanislas Fréron fut d'abord un « fêtard » opportuniste qui profita de la période révolutionnaire pour cocher de nombreuses cases de l'infamie. Dans l'ordre, il excita les sans-culottes via un journal (*l'Orateur du peuple*) encore plus grossier que le « *Père Duchesne* » d'**Hebert**. Député à la Convention, Montagnard régicide, il fut envoyé à Marseille et à Toulon (avec Barras) pour faire régner une terreur si odieuse et parfois si intéressée (800 000 livres détournées) que le **Comité de salut public** les rappela rapidement. Même **Hébert** fut choqué de sa conduite (il voulait raser Toulon !). Ensuite, Fréron se mélangea sans problème avec ceux qui trahirent **Robespierre** quand il sentit le vent tourner. Son activité peu glorieuse se poursuivit durant la période de la **réaction thermidorienne**. Malgré son passé, ce fut lui, notamment, qui excita et arma une « jeunesse dorée » - les Muscadins - à Paris afin de pourchasser le reliquat des Jacobins désarmés. Mais, vociférateur ou entraîneur de petits groupes paramilitaires, Fréron n'eut plus aucune prise sur les problèmes politiques du Directoire. Il ne pouvait donc que végéter. Ayant bien connu naguère la famille Bonaparte en Provence, il eut une liaison avec la jeune Pauline. Souhaitant l'épouser, son frère Napoléon s'y opposa naturellement. Pour s'en débarrasser, Bonaparte lui trouva d'abord une place d'administrateur dans les hôpitaux, puis le nomma comme sous-préfet accompagner l'expédition Leclerc à Saint-Domingue. Fréron y mourut presque aussitôt de la fièvre jaune.

Les Révolutionnaires
(les Montagnards)

Georges Couthon (1755-1794)

Fils d'un notaire, Couthon fut initialement avocat à Riom. On le reconnaissait au fait qu'il se déplaçait dans un fauteuil roulant (car paralysé des membres inférieurs). Président du tribunal de Clermont-Ferrand, en décembre 1790, il fut élu à la Législative en 1791, siégea à l'extrême gauche et se prononça contre la cour. Lié au début à **Robespierre** et aux Roland, il s'éleva avec force contre les veto du roi face aux mesures décrétées par la Législative. Élu à la Convention, Couthon vota la **mort du roi**. Partageant entièrement les points de vue politiques de **Robespierre**, il se détacha progressivement des Girondins. À la Convention, il se montra d'abord plutôt modéré, puis entra, en juillet 1793, au **Comité de salut public**. Il constitua alors avec **Robespierre** et **Saint-Just** un triumvirat en charge de la direction politique du comité. En septembre 1793, il fut le représentant en mission chargé de rétablir l'ordre républicain à **Lyon**. Refusant d'appliquer le décret ordonnant de raser la ville, Couthon fut remplacé par Fouché et **Collot d'Herbois** qui feront de dures représailles. En décembre 1793, comme président de la convention, il fut un ennemi acharné des Hébertistes et des Dantonistes qui furent finalement **guillotinés fin mars, début avril 1794**. Dans une spirale terroriste sans fin, il rédigea la plus sévère des lois terroristes, celle **du 10 juin 1794**, réorganisant le **Tribunal révolutionnaire** en supprimant défenseurs et témoins. Durant **Thermidor,** il partagea le sort des « Robespierristes » et monta le premier à l'échafaud.

Les Révolutionnaires
(les Montagnards)

Jean-Pierre Amar (1755-1816)

Avocat au Parlement de Grenoble, Amar venait d'acheter la charge de trésorier de France lorsque éclata la Révolution française. Il se rallia tardivement aux idées nouvelles. Élu à la Convention, siégeant avec les Montagnards, il se fit rapidement remarquer par ses attaques contre les émigrés. Régicide en janvier 1793, il demanda l'arrestation de tous ceux qui tiendraient des propos suspects. En mars 1793, il soutint ardemment **Jean Baptiste Lindet** qui demandait la création d'un **Tribunal révolutionnaire**, seule mesure, selon lui, pouvant sauver le peuple des factieux. Adversaire acharné des Girondins, Amar provoqua le décret d'accusation contre **Buzot**. Après **l'arrestation des Girondins,** il devint membre du **Comité de sûreté générale,** et ce fut lui qui fut chargé de plaider contre **Vergniaud**, **Guadet** et les autres Girondins. Enfin, il fut l'auteur d'un rapport qui inculpait de royalisme ou de prévarications des personnages troubles de la Révolution tels Basire, **Chabot**, Delaunay, **Fabre d'Églantine** et Julien. Président de la Convention peu avant le **9 thermidor**, il lâcha **Robespierre** et contribua à sa chute. En avril 1795, impliqué dans la révolte contre la Convention il fut incarcéré avec **Barère, Collot d'Herbois, Billaud-Varenne** et **Vadier.** Arrêté de nouveau par le Directoire comme complice de la conspiration de Babeuf, il fut traduit devant le tribunal pour l'application de la loi exilant de Paris plusieurs anciens conventionnels. Caché, il finit par se faire oublier. Sur la fin de sa vie, Amar devint mystique.

Les Révolutionnaires
(les Montagnards)

Bertrand Barère (1755-1841)

Bertrand Barère était avocat au tribunal de Toulouse à la veille de la Révolution. Membre à l'origine de l'Assemblée constituante, où il se mit peu en évidence, il fut élu par la suite à la Convention où il commença sa carrière de révolutionnaire jusqu'à sa chute après **Thermidor**. Barère, excellent orateur, était président de la Convention lorsque se déroula le **procès du roi**, en décembre 1792. Malgré ses origines de petite noblesse, il abusa de ses talents oratoires pour orienter la Convention vers une sentence de mort. Par la suite, bourreau de travail, il fut l'un des piliers du **Comité de salut public**, rédigeant de nombreux rapports. Il utilisa au mieux sa fonction de porte-parole du comité pour masquer ses véritables opinions, qui étaient pour le moins ambiguës. Car celles-ci évoluèrent dans le temps. Plutôt modéré à ses débuts, siégeant chez les « Feuillants », Barère rejoignit la Montagne et devint de plus en plus sectaire. Il fut celui qui mit la terreur à l'ordre du jour et ce fut sur la base de l'un de ses rapports que fut décidée, en août 1793, la levée en masse. Il ne se rallia aux vainqueurs de **Thermidor** que lorsqu'il fut certain que **Robespierre** était tombé. Bertrand Barère fut donc un révolutionnaire « caméléon », s'adaptant en permanence aux circonstances politiques du moment. En fuite après **Thermidor,** il fut utilisé ultérieurement par Bonaparte comme auxiliaire de police en rédigeant chaque semaine, de 1803 à 1807, un rapport sur l'état de l'opinion publique. Il se montra alors un opportuniste n'ayant que peu de convictions.

Les Révolutionnaires
(les Montagnards)

François Chabot (1756-1794)

À l'époque de la Révolution, ce prêtre libertin et prévaricateur fonda la première société jacobine de Rodez, avant de devenir vicaire d'un évêque. Député à l'Assemblée législative, il siégea à l'extrême gauche pour mieux se faire craindre. Il forma alors avec deux autres expéditifs - Basire et Merlin de Thionville - le « trio cordelier ». Élu député à la Convention, il fut membre du **Comité de sûreté générale**, où il sut négocier des « mises à l'écart » de suspects moyennant finance. En juillet 1793, Chabot qui était violemment anti girondin, ces derniers l'ayant identifié, dénonça **Condorcet** à la Convention. Pour justifier l'origine d'une partie de sa soudaine fortune - les pots-de-vin que lui versaient les actionnaires de la Compagnie des Indes - il contracta un mariage blanc. Cette carambouille lui permit de blanchir pas moins de 700 000 £. À la fin de l'été 1793 il ne fut pas conservé au **Comité de sûreté générale.** Tous ses membres étant soupçonnés, non sans raison, de pratiquer la protection intéressée des émigrés rentrés. **Fabre d'Églantine**, un autre aigrefin, qu'il avait préalablement dénoncé à **Robespierre,** le trahit à son tour comme participant de la « conspiration de l'étranger ». Pour se sauver, Chabot dénonça, lui aussi cette « conspiration », citant Cloots, **Hébert** et le comte de Proly. Caché quelque temps, il fut finalement arrêté. Jugé avec **Danton,** pour mieux compromettre ce dernier, il fut emporté dans la même charrette, en avril 1794.

Les Révolutionnaires
(les Montagnards)

Jacques Billaud-Varenne (1756-1819)

Jacques Nicolas Billaud, dit « Billaud Varenne » fut l'un de ces nombreux « avocaillons » de province, sans talents particuliers, auquel la Révolution permit de se faire un nom. Dès 1791, après la fuite du roi, il réclama l'avènement de la République. Ce qui lui valut d'être exclu temporairement du club des Jacobins. Il fut alors accueilli par **Danton** au club des Cordeliers, une entité encore plus radicale. Après la journée du 10 août 1792 qui vit la chute du roi, il succéda à **Danton** comme substitut du procureur de la Commune, sorte de **Tribunal révolutionnaire** avant l'heure.

Par la suite, ce personnage sombre, farouche, théoricien de la pureté révolutionnaire, alla crescendo dans son désir d'épuration de tous les contre-révolutionnaires, vrais ou supposés.

Il fut probablement l'un des principaux responsables des massacres de septembre 1792 et se mit au service de **Robespierre** pour d'abord l'aider à **éliminer les factions rivales** (Girondins, Hébertistes, Dantonistes). Puis, entré en septembre 1793, au **Comité de salut public**, il fut, avec **Collot d'Herbois,** l'un des plus féroces partisans de la Terreur. Il soutint **Robespierre** jusqu'à la mi-juillet 1794, date à laquelle il estima que la Convention, lasse de la guillotine, ne suivrait plus cet « incorruptible » devenu dictateur. Considéré comme traître à ses anciens amis, la **réaction thermidorienne** finit par le déporter en Guyane. Par la suite, il refusa de rentrer en France pour terminer sa vie en Haïti.

Les Révolutionnaires
(les Montagnards)

Maximilien de Robespierre (1758-1794)

Maximilien de Robespierre, petit avocat de province, n'était pas destiné à sortir de l'anonymat. Introverti, affrété mais orgueilleux et tenace, les évènements de 1789 furent pour lui une occasion unique de se créer un destin. Bien qu'il ait été bon élève, il n'avait aucun don d'orateur et ses textes, empreints de « rousseauisme », laborieusement écrits durant la nuit, ne passionnaient pas grand monde sous la Constituante. Il impressionnait davantage au club des « Jacobins » dont il devint le maître à penser, à compter de 1791. Après la chute du roi en août 1792, son rôle s'accentua. Élu député, il entra à la Convention et commença à être pris au sérieux en raison de la constance de son propos et de son exceptionnelle probité qui le « sacralisait » auprès des « sans-culottes ». Robespierre pesa alors dans tous les débats, de la **condamnation à mort du roi** à **l'élimination des « Girondins »** début juin 1793, de l'instauration ensuite de la Terreur à **l'élimination des « Hébertistes »** et des **« Dantonistes »**, au printemps 1794. Devenu « l'Incorruptible », élevant la « vertu » comme dogme suprême, Robespierre se transforma progressivement en « guru » d'une société idéale qu'il fallait purifier en permanence. Ayant fait le vide, ne gardant auprès de lui que **Couthon, Saint-Just** et Le Bas, nombre de députés comprirent qu'ils ne seraient jamais assez vertueux pour lui. Profitant d'une absence de quelques jours, ses anciens amis l'éliminèrent à son tour, en **juillet 1794**, mettant fin à la **« grande terreur »**.

Les Révolutionnaires
(les Montagnards)

Georges Danton (1758-1794)

Georges Danton fut l'un des grands personnages de la Révolution. En raison de son physique hors norme, de ses exceptionnelles qualités d'orateur (il parlait fort et sans notes), et de son intelligence vive, tranchant avec la médiocrité de beaucoup. Il se fit d'abord connaître par sa faconde au club des Cordeliers puis par son activité au sein de la Commune. Après l'arrestation du roi, en août 1792, son rôle s'accrut considérablement. Officiellement ministre de la Justice, il devint en réalité le chef du gouvernement et fut décisif dans le relais qu'il exerça entre l'armée et les « politiques » de Paris. Par la suite, Danton oscilla entre la fuite en avant révolutionnaire (à l'origine du **Tribunal Révolutionnaire** et du **Comité de salut public**) et une volonté croissante de maîtriser davantage les évènements. Il n'était cependant pas un idéologue et lorsque la **« Terreur »** s'accentua, alors que le péril extérieur semblait s'éloigner, il voulut faire machine arrière en se rangeant du côté des « indulgents ». Ses ennemis d'alors, et surtout **Robespierre**, emportés dans une course effrénée vers une révolution extrême, parvinrent à l'isoler et à le faire **condamner, en avril 1794**. Une mise à l'écart, d'autant plus facile à obtenir qu'embourgeoisé, il s'était, de fait, enrichi en certaines circonstances. Son procès fut une mascarade. **Saint-Just** l'empêchant juridiquement (et artificiellement) de se défendre. Danton mourut comme il avait vécu, avec panache, en lançant l'une de ses phrases célèbres, passées à postérité.

Les Révolutionnaires
(les Montagnards)

Jean-Marie Hérault de Séchelles (1759-1794)

Hérault de Séchelles, bel homme, d'ascendance noble, avocat au Châtelet de Paris, fut à la fois un brillant esprit et un fervent adepte des nouvelles idées de son temps. Utilisant son bagout d'avocat, il fut élu par les Parisiens à la Législative, puis plus tard à la Convention. Il commença par siéger à droite, avec les Feuillants, puis se fit Girondins et enfin Montagnard (un parcours assez classique chez nombre de révolutionnaires).

Envoyé en mission pour organiser la Savoie, il ne put assister au **procès de Louis XVI**, ce qui lui évita un cas de conscience. À son retour à Paris, Hérault fut élu au **Comité de salut public** et se chargea de préparer la nouvelle constitution. À cause de la désinvolture avec laquelle il y travailla, il se mit à dos **Saint-Just**. Toutefois, après **l'élimination des Girondins**, il remplaça **Danton**, aux Affaires étrangères, en juillet 1793. Il se chargea alors de négocier discrètement la libération de la « veuve Capet » avec les Autrichiens. L'ayant su, **Robespierre**, qui n'aimait déjà pas cet homme brillant, aux mœurs légères et à la morale élastique, fit en sorte de s'en débarrasser Pour ce faire, on l'envoya d'abord en mission diplomatique à la frontière suisse. Il fut ainsi exclu des délibérations du Comité. Ses liaisons douteuses avec un personnage trouble, le **baron de Batz**, firent le reste. Convaincu d'être impliqué dans diverses affaires de corruption, on put ainsi l'arrêter avec **Danton** et **Desmoulins,** pour mieux salir ces deux derniers. Hérault mourut guillotiné, en leur compagnie, début avril 1794.

Les Révolutionnaires
(les Montagnards)

Louis Le Peletier de Saint-Fargeau (1760-1793)

Élu député de la noblesse de Paris aux États Généraux de 1789, Le Peletier renia rapidement ses origines et devint l'un des avocats les plus ardents de la cause du peuple. En juin 1790, jour de la suppression des titres de noblesse, il fit voter qu'aucun citoyen ne pourrait désormais porter d'autre nom que celui de sa famille. Il proposa, en mai 1791, un projet abolissant la peine de mort pour la remplacer par l'emprisonnement. Il ne fut cependant pas suivi. Il parvint en revanche à faire rayer le blasphème de la liste des crimes et délits. En décembre 1792, le comité d'instruction publique ayant présenté un plan d'éducation nationale reproduisant celui de **Condorcet**, Le Peletier rédigea un mémoire résumant ses propres idées sur le sujet. Pour lui, tout enfant devait appartenir à l'État et non pas à ses parents, le but étant de faire une école égalitaire ne créant pas d'élite et de gommer toute inégalité due à la famille. Ainsi, tous les élèves sortiraient de l'école avec les mêmes chances de succès. Dans un premier temps, son système radical ne fut pas loin d'être retenu, mais l'État adopta finalement celui proposé par **Condorcet**. Après avoir été un opposant de la peine de mort, il se ravisa et vota celle de **Louis XVI**. Le soir même de son vote, il fut assassiné par un royaliste. La récupération politique de sa mort par les Montagnards servit de répétition générale à celle qu'occasionna l'assassinat de **Marat**, quelques mois plus tard.

Les Révolutionnaires
(les Montagnards)

Camille Desmoulins (1760-1794)

Camille Desmoulins, comme la quasi-totalité des hommes qui firent carrière pendant la révolution, était avocat. À cette époque, ceux qui avaient la plume facile prenaient le pas sur les autres protagonistes, Camille Desmoulins, qui ne pouvait se faire remarquer comme orateur – il était bègue - se fit donc connaître par ses publications (*Discours de la lanterne aux Parisiens, les Révolutions de France et de Brabant…*). Dans la première partie de la Révolution, il pourfendit la royauté, le complot aristocratique puis la position trop tiède des Girondins. Député de Paris à la Convention, il siégea sur les bancs de la Montagne. En tant que journaliste, il fut beaucoup lu. Comme député, compte tenu de ses difficultés à s'exprimer, peu de personnes l'écoutaient. Il fut également victime de son profil romantique. « *Un enfant gâté* » disait de lui **Robespierre**. « *Beaucoup d'esprit et trop d'imagination pour avoir du bon sens* » estimait **Barère**. **L"élimination des Girondins** l'effara. Devant les premiers excès de la Terreur, Desmoulins commença à reculer, désirant revenir à plus de raison et à moins de sang. Il décida alors de reprendre son métier initial et lança « *Le Vieux Cordelier* ». Il attaqua d'abord, avec la bénédiction de **Robespierre**, les frénétiques « hébertistes » puis se rangea ouvertement du côté des « indulgents » de **Danton**. Malheureusement, Desmoulins, désormais engagé par ses écrits, heurta de plein fouet **Robespierre** qui voulait abattre ces derniers. « L'incorruptible » n'hésita pas à le sacrifier, en avril 1794.

Les Révolutionnaires
(les Montagnards)

Louis Saint-Just (1767-1794)

Louis Saint-Just constitue l'un des personnages les plus curieux de la Révolution française. Adolescent tourmenté, il écrivit un poème érotique « l'Organt », empli de scènes bestiales et de viols. Parvenu à se faire élire à la Convention, son doux visage tranchait avec son absence totale de sentiments. Surnommé bientôt « l'Archange de la Terreur » pour être de ceux qui envoyaient à l'échafaud les « factieux », sans aucun état d'âme. Ses théories politico-philosophiques, fumeuses la plupart du temps, vantaient par exemple une discipline sociale stricte imposée par un gouvernement indépendant de toute pression sociétale. Il trouva en **Robespierre** le maître à penser qu'il recherchait et fut son principal disciple, d'autant plus facilement qu'il était doué pour l'art oratoire. Saint-Just fut donc celui qui s'avança au **Comité de salut public** pour dénoncer régulièrement, et en son nom, tous ces « faux » révolutionnaires de Girondins, d'Hébertistes ou de Dantonistes qui « pervertissaient » l'œuvre révolutionnaire en marche. Saint-Just était très probablement pathologiquement un déséquilibré léger, qui donnait parfaitement le change dans un milieu où les passions s'exacerbaient quotidiennement. Il écrivit dans une sorte de testament « *Je méprise la poussière qui me compose et qui vous parle ; on pourra la persécuter et la faire mourir ! Mais je défie qu'on m'arrache cette vie indépendante que je me suis donnée dans les siècles et dans les cieux* » De fait, il monta à l'échafaud, à 27 ans, sans émotion particulière.

Les Révolutionnaires
(les Radicaux)

Jean-Paul Marat (1743-1793)

De famille modeste, né citoyen Suisse, Jean-Paul Marat étudia la médecine en France, puis s'établit en Grande-Bretagne, où il publia des ouvrages philosophiques, scientifiques et juridiques, qui ne rencontrèrent aucun succès littéraire. Il en conçut une grande amertume expliquant la suite de son parcours. Installé en France, il fonda, en 1789, un journal "*l'Ami du peuple*", qui attaquait violemment à peu près tout le monde. Fort de sa verve épistolaire et de sa hargne, il devint un membre influent des Cordeliers. Fréquemment inquiété du temps de la Constituante, il dut se réfugier deux fois en Angleterre. Sous la Législative, il fut le principal instigateur des massacres de septembre 1792. Devenu membre du Comité de surveillance de la Commune, député de Paris à la Convention, Montagnard extrémiste, quasiment isolé « *L'aigle marche toujours seul, le dindon fait troupe…* » il réclama rapidement une dictature révolutionnaire. Mis d'abord en accusation par les Girondins, le **Tribunal révolutionnaire** l'acquitta en avril 1793. Dès lors, il n'eut de cesse d'instrumentaliser les sections parisiennes pour faire pression (physique) sur la Convention. Les **Girondins finirent par être décrétés d'arrestation, début juin 1793**. Quelques semaines plus tard, Marat fut assassiné par une jeune femme – **Charlotte Corday** - voulant rendre justice aux Girondins. Les « sans-culottes » vouèrent ensuite à Marat un véritable culte. Son corps, d'abord transféré au Panthéon, en fut retiré après **Thermidor** et **la chute de Robesp**ierre.

Les Révolutionnaires
(les Radicaux)

Antoine Fouquier-Tinville (1746-1795)

Antoine Fouquier de Tinville, dit Fouquier-Tinville, était un homme de vieille noblesse qui fit des études de droit et devint clerc d'un procureur à Paris, puis rentra dans la Police. Quand le **Tribunal révolutionnaire** fut créé, Fouquier-Tinville fut désigné pour être l'un des trois substituts de l'accusateur public. Le titulaire du poste s'étant récusé, Fouquier s'empressa de le remplacer.

À compter de ce moment, il réussit à se faire apprécier des comités par son efficacité et son sens de l'organisation. Durant seize mois, il va se déshumaniser complétement, devenant l'inlassable pourvoyeur de la guillotine, d'avril 1793 à juillet 1794. C'est lui qui fut le moteur du tribunal, qui accueillit les juges et les jurés, qui choisit la salle, qui rédigea les actes d'accusation, qui fit appliquer la loi, qui reçut le bourreau, qui fixa le nombre de charrettes de condamnés et qui rendit compte de son travail, le soir, au **Comité de salut public**. À la fin et pour aller plus vite, il n'y avait même plus de débats contradictoires et il n'enregistrait qu'une seule sentence, la mort ! Après la **chute de Robespierre,** convaincu qu'il était un fidèle serviteur de la loi et qu'il n'avait rien à se reprocher, il fut stupéfait d'apprendre qu'on réclamait sa tête. Après 8 mois de prison et un vrai procès, il fut condamné à l'échafaud, en mai 1795. Il mourut sans comprendre. Fouquier-Tinville, l'archétype du révolutionnaire, sans aucun état d'âme. *« Je ne faisais que le travail que vous m'aviez tous assigné… »*

Les Révolutionnaires
(les Radicaux)

Jacques Roux (1752-1794)

Né dans une famille bourgeoise, Jacques Roux devint professeur au séminaire d'Angoulême, puis curé dans le diocèse de Saintes. Il adhéra d'enthousiasme à la Révolution, mais il fut frappé d'interdit puis révoqué sous l'accusation d'avoir participé au pillage des châteaux, en avril 1790. Très concerné par les questions sociales, il fut l'un des premiers à prêter serment à la Constitution civile du clergé. Monté à Paris, à la fin 1790, Roux fut nommé vicaire à Saint-Nicolas-des-Champs, mais siégea rapidement au conseil général de la Commune de Paris. C'est dans ce cadre qu'il prit des positions de plus en plus violentes contre la « bourgeoisie marchande » qu'il considérait comme bien plus dangereuse que l'aristocratie nobiliaire ou sacerdotale. Peu théoricien mais, finalement clairvoyant, il fut l'un des premiers à comprendre que les principes de liberté absolue inscrits dans la législation nouvelle servaient l'intérêt d'une classe de nantis au détriment de la masse des travailleurs. Mais excessif et imprudent (car c'était justement des bourgeois qui tenaient le pouvoir), classé dans la catégorie des « enragés », il finit par s'isoler des autres « révolutionnaires » au pouvoir. Victime également de règlements de comptes politiques entre « Hébertistes » et « Jacobins », il fut arrêté en septembre 1793 pour être présenté devant un tribunal correctionnel. Celui-ci, empli de ses opposants, se considéra incompétent pour mieux le transférer au **Tribunal révolutionnaire**, dont on connaissait la sentence finale. Jacques Roux se suicida en prison.

Les Révolutionnaires
(les Radicaux)

Jean-Baptiste Carrier (1756-1794)

Jean-Baptiste Carrier fut l'un de ces sombres personnages qui profitèrent de la période très troublée de la Révolution pour assouvir leurs penchants criminels. Alcoolique, taciturne et hargneux, il fut malheureusement élu à la Convention après la chute de Louis XVI, en août 1792. À compter de cette période, il se fit apprécier des plus extrémistes par un zèle révolutionnaire qui annonçait la suite. Envoyé en mission d'abord en Normandie puis en Bretagne, en août 1793, pour mater les « contres révolutionnaires » fédéralistes, bourgeois, royalistes ou vendéens, il se fit tristement connaître, à Nantes, en noyant dans la Loire - un fleuve « révolutionnaire » selon lui - des couples « suspects ». Les condamnés (un homme et une femme, nus et attachés) étaient placés dans des bateaux à trappes qui en s'ouvrant noyaient leurs occupants. Carrier étant un homme cruel, totalement dépourvu de compassion, on estime ainsi qu'il exécuta, en quelques semaines, de décembre 1793 à février 1794 environ dix mille personnes, (noyés, fusillés, guillotinés...).
Rappelé à Paris, il fut de ceux qui se détournèrent rapidement de **Robespierre** pensant que cet homme « vertueux » pouvait lui reprocher ses crimes. Après **Thermidor**, de nombreux témoignages affluèrent à l'encontre de ce « missionnaire de la Terreur » comme le surnomma plus tard Jules Michelet. Finalement, condamné, il fut guillotiné en décembre 1794. Carrier fut, sans conteste, l'un des principaux « monstres » issus de la Révolution française.

Les Révolutionnaires
(les Radicaux)

Jacques-René Hébert (1757-1794)

Ancien clerc de notaire, vivant d'expédients, Hébert se trouvait à Paris au début de la Révolution, lorsqu'il eut une idée scabreuse : Parler au peuple dans la langue des faubourgs. Écrire des pamphlets en multipliant des mots orduriers. Il créa ainsi « *Le Père Duchesne* », feuille connue pour l'outrance de son vocabulaire comme pour la violence de ses opinions. La masse de sans-culottes et une partie de l'armée s'est ainsi nourrie des *« Grandes colères du père Duchesne »* Adversaire acharné du modérantisme girondin, Hébert fut arrêté en mai 1793, mais comme pour **Marat**, les menaces de la municipalité obligèrent la Convention à ordonner sa libération. Le parti des « Hébertistes » se forma alors autour de lui. Il comprenait entre autres **Chaumette**, Cloots, Momoro, Ronsin, Rossignol et Vincent. Sous la pression de ces derniers, la Convention vota les lois **des suspects** et **du maximum** en septembre 1793. Hébert, personnage n'hésitant devant rien, accusa la reine Marie-Antoinette d'inceste, lors de son procès, en octobre 1793. Début 1794, la disette et la vie chère exaspérant la population, il prit à son compte les revendications des plus extrémistes. Finalement, **Saint-Just** et **Robespierre** le jugèrent encombrant et factieux, excitant trop les sans-culottes. Décrété d'arrestation, il fut guillotiné, en mars 1794. Le problème pour **Robespierre,** c'est qu'en liquidant les « hébertistes », il n'avait plus d'adversaires à sa gauche. La lassitude et la peur gagnant les autres Montagnards et les députés de la Plaine, **Robespierre** était désormais en sursis…

Les Révolutionnaires
(les Radicaux)

François Hanriot (1759-1794)

François Hanriot fut l'un des rares révolutionnaires qui fut un authentique fils du peuple. Commis en juillet 1789, il fut très actif dans son quartier Saint-Marcel, durant cette période. Il joua notamment un rôle éminent lors de l'insurrection du 10 août 1792 et durant les « massacres de septembre » À l'époque, fidèle nervi de **Robespierre**, il fut nommé commandant de la Garde nationale, en mai 1793. Il contribua de façon décisive à la **chute des Girondins**, en cernant la Convention avec des milliers d'hommes et en exigeant qu'on lui livre « les traites ». **Marat** le proclama d'ailleurs « sauveur de la patrie ». Sachant maintenir l'ordre dans la capitale, il fut promu général de brigade, en juillet 1793 puis général de division, quelques semaines plus tard. Membre du club des Cordeliers, lié aux Hébertistes, il fut lui-même menacé lors de leur arrestation, en mars 1794, mais **Robespierre** avait besoin d'un militaire sans-culotte et se garda bien de l'inquiéter. Fin juillet 1794, lorsque **Robespierre** fut lui-même attaqué à la Convention, Hanriot tenta de le libérer, mais sans réussite. Délivré plus tard, il commit l'erreur, pour une raison que les historiens n'ont pas bien compris, de ramener ses troupes (en nombre insuffisant) à l'Hôtel de Ville, au lieu de s'emparer de la Convention. Dans le désordre final, on le retrouva blessé dans une arrière-cour de l'Hôtel de Ville et il fut expédié directement à la guillotine (sans jugement donc) avec son mentor **Robespierre**.

Les Révolutionnaires
(les Radicaux)

Pierre-Gaspard Chaumette (1763-1794)

Pierre-Gaspard Chaumette fut nommé en 1792 Procureur-syndic de la Commune de Paris. À l'époque, c'était l'un des meneurs du club des Cordeliers. Se faisant le porte-voix du peuple, il comprit vite l'intérêt de s'appuyer sur les couches les plus crédules de la population parisienne. On fit appel à ses services pour préparer la journée insurrectionnelle du 20 juin 1792, répétition de celle du 10 août qui déposa Louis XVI. Quand, en septembre 1793, la terreur fut mise à l'ordre du jour, Chaumette s'en fit un exécuteur zélé. Il était alors, avec **Hébert,** son substitut, l'un des meneurs de la faction dite des « exagérés ». Fin 1793, il prit la tête de ceux exigeant la déchristianisation. Il se surnomma lui-même « Anaxagoras » en référence au philosophe grec antique pendu pour athéisme. Chaumette fut celui qui organisa certaines mascarades, notamment deux **fêtes de la Raison,** célébrées à Notre-Dame, dont la déesse était représentée par une actrice de l'Opéra. Devenu suspect et incontrôlable, il fut arrêté en même temps qu'**Hébert** au moment de l'offensive de **Robespierre** contre les « enragés » et les « exagérés ». Accusé alors par le **Tribunal Révolutionnaire** d'avoir *« cherché à anéantir toute espèce de morale, à effacer toute idée de divinité et à fonder le gouvernement français sur l'athéisme »* En revanche, l'accusation selon laquelle « l'or de Pitt » payait Chaumette était fantaisiste. Elle fut mise en avant par le **Tribunal révolutionnaire** pour se débarrasser de lui. Chaumette fut guillotiné en avril 1794, à 31 ans.

Les Révolutionnaires
(les Radicaux)

Jean-François Varlet (1764-1823)

Né dans une famille de la petite bourgeoisie, Jean-François Varlet fit ses études au collège d'Harcourt. Il accueillit avec enthousiasme la Révolution, rédigea des chansons patriotiques, signa des pétitions, notamment celle du Champ-de-Mars, en juillet 1791. Dans divers écrits, publiés entre 1792 et 1793, il se montra partisan de la démocratie directe et de la redistribution des propriétés. Il se classait ainsi, avec **Jacques Roux** et quelques autres, dans le parti des « Enragés ». Fin mai 1793, Varlet fut arrêté avec **Jacques-René Hébert**, mais fut libéré triomphalement, trois jours plus tard. Il prépara alors, avec l'aide des sections parisiennes, les insurrections du 31 mai 1793 **et du 2 juin 1793 qui firent chuter les Girondins** conventionnels. Arrêté de nouveau, en septembre 1793, il fut de nouveau libéré un mois plus tard. Miraculeusement réchappé des charrettes qui se débarrassaient des « enragés » et des exagérés », Varlet publia sous la Convention thermidorienne, en octobre 1794, des écrits laissant apparaître sa véritable nature d'anarchiste. : « *[...]Quelle monstruosité sociale, quel chef-d'œuvre de machiavélisme, que ce gouvernement révolutionnaire ! Pour tout être, qui raisonne, gouvernement et révolution sont incompatibles, à moins que le peuple ne veuille constituer ses fondés de pouvoirs en permanence d'insurrection contre lui-même, ce qu'il est absurde de croire...* » Encore arrêté sous **Thermidor,** Varlet resta près d'un an en prison...cela ne l'empêcha pas de devenir bonapartiste plus tard !

Les Révolutionnaires
(les chefs militaires)

François Kellermann (1735-1820)

François Kellermann fut un pur soldat. Déjà présent durant la « guerre de 7 ans » qu'il termina avec le grade de capitaine, il servit en Pologne, fut fait colonel en 1784, maréchal de camp en 1788. En août 1792, il fut envoyé en Alsace comme général en chef de l'armée de la Moselle. Il opéra, dans les premiers jours du mois suivant, sa jonction avec **Dumouriez,** commandant de l'armée du Nord. Selon certains historiens, il serait d'ailleurs le véritable vainqueur de Valmy. Cela se passa moins bien avec **Custine**. Ce dernier l'accusa d'être à l'origine de sa défaite par son refus d'attaquer la citadelle de Trèves, en octobre 1792. Relevé de son commandement, il fut nommé plus tard à l'armée des Alpes, mais rapidement remplacé par le jeune Bonaparte. Kellermann fut alors chargé du siège de Lyon insurgé contre la Révolution. Là encore, on considéra qu'il se montrait trop réservé. Il se heurta notamment aux représentants en mission qui prétendirent « lui apprendre son métier ». Emprisonné treize mois pendant la terreur, il échappa de très peu à l'échafaud. Après la **chute de Robespierre**, il fut acquitté et reprit du service. En septembre 1795, l'armée d'Italie fut placée sous les ordres de Bonaparte tandis que Kellermann ne conservait plus que l'Armée des Alpes, réduite à un rôle secondaire. Par la suite ni le Directoire ni Bonaparte ne firent appel à lui pour conduire une armée. En revanche, il fut titré (maréchal en 1804 et duc de Valmy en 1808) pour sa longévité et son sens de l'honneur.

Les Révolutionnaires
(les chefs militaires)

Jacques Dugommier (1738-1794)

Jacques Dugommier fut un militaire de valeur qui fit deux carrières bien distinctes. Dans un premier temps, il combattit dès 1759, en participant à la défense de la Guadeloupe contre les Britanniques, puis en 1762 à la Martinique, au cours de la « guerre de 7 Ans ». Après 25 ans de service aux colonies, il se retira pour s'occuper de son exploitation en Guadeloupe. Dans un second temps, à partir de 1789, il fut élu membre de l'Assemblée coloniale et prit une part très active aux troubles qui agitèrent l'île. Rentré en France, en 1792, député à la Convention, il fut nommé général de brigade à la tête de l'armée d'Italie qui **assiégea Toulon** aux mains des Britanniques. Il adouba le plan du chef de bataillon Bonaparte, le fit appliquer et reprit la ville, en décembre 1793. Dugommier fut ensuite nommé à la tête de l'armée des Pyrénées Orientales, en janvier 1794. On le chargea de reprendre le terrain perdu en **Roussillon** face aux Espagnols du général Ricardos. Il réorganisa l'armée et la fit souffler après les durs combats de l'année précédente sur les positions fortifiées des Espagnols. En avril 1794, il remporta la bataille du Tech, succès confirmé par la victoire des Albères, remportée conjointement avec Moreau, sur les Espagnols et les Hollandais. La victoire décisive du Boulou, remportée sur les Espagnols lui assura la **reconquête du Roussillon** en mai. Port-Vendres tomba à la même époque. Ayant reçu l'ordre de contre-attaquer en Catalogne, Dugommier fut tué au combat, en novembre 1794, à la célèbre bataille de la Sierra Negra.

Les Révolutionnaires
(les chefs militaires)

Charles Dumouriez (1739-1823)

Charles François du Périer, dit Dumouriez, commença sa carrière comme officier puis fut un diplomate un peu véreux sous les ordres de Choiseul. En 1789, il était général de brigade et se montra sensible aux idées républicaines, plus par opportunisme que par conviction. Après quelques errements, il se lia à **Brissot** qui cherchait un militaire d'accord pour déclarer la guerre à l'Autriche. Commandant en chef des armées du Nord, Dumouriez remporta, et ce fut son haut fait d'armes, la bataille de Valmy contre les Prussiens, (même si certains pensent que cette victoire fut monnayée) puis celle de **Jemappes** contre les Autrichiens. Il se présenta à l'Assemblée, en décembre 1792, acclamé par les Girondins, avec suspicion aux Jacobins. De retour sur le terrain en février 1793, Dumouriez conquit la **Hollande** puis s'établit à Bruxelles d'où il marqua son hostilité à la politique de la Convention. Sa défaite à **Neerwinden**, en mars 1793, fut le point de départ de sa trahison. Il conclut un accord avec le commandement autrichien prévoyant l'évacuation de la Belgique par les troupes de la République et une marche sur Paris, avec l'appui des forces autrichiennes. Il livra les représentants en mission venus l'arrêter, mais échoua dans sa conquête du nord de la France. Surtout il ne parvint pas à rallier ses propres soldats à sa cause. Dumouriez se livra alors aux Autrichiens. Chassé de partout, il offrit ses services à de nombreux pays sans grand succès et mourut, âgé et oublié en Angleterre, sous la Restauration.

Les Révolutionnaires
(les chefs militaires)

Adam-Philippe Custine (1742-1793)

Adam Philippe, comte de Custine commença sa carrière comme officier dans l'armée royale. Il participa à la « guerre de 7 Ans », puis à la guerre d'indépendance américaine au sein de l'expédition de Rochambeau, envoyée au secours des insurgents (colons anglais en Amérique). Après les victoires remportées lors de la campagne de Virginie et à la bataille de Yorktown, il rentra en France. Au début de la Révolution, Custine intégra l'Assemblée constituante où il représenta son territoire. Il soutint globalement les décisions prises, mais appuya également la prérogative royale, les biens du clergé et les droits des émigrés français. En 1791, il fut affecté à l'armée et fut rapidement nommé au poste de commandant en chef de l'armée des Vosges. En septembre 1792, il enregistra des succès sur le Rhin, s'emparant notamment des villes de Spire, Worms et Mayence. À la suite de la trahison présumée du général **Dumouriez**, Custine fut convoqué, une première fois, pour vérification de sa loyauté envers la Révolution, mais il fut blanchi, notamment par **Robespierre**. Par la suite, Custine essuya plusieurs défaites au printemps 1793 et les Français durent évacuer la plupart des territoires conquis l'année précédente. Désigné à la tête de l'armée du Nord, il échoua à secourir la forteresse de Condé assiégée. Accusé de rapports douteux avec le haut commandement austro-prussien, il fut rappelé à Paris et obligé de comparaître devant le **Tribunal révolutionnaire** qui le reconnut coupable de haute trahison. Custine fut guillotiné fin août 1793.

Les Révolutionnaires
(les chefs militaires)

François-Joseph Westermann (1751-1794)

François-Joseph Westermann, simple soldat, vint à Paris en mai 1792 et se lia d'amitié avec **Danton**. Actif dans la journée du 10 août 1792 qui déposa le roi, on en fit l'un des seconds de **Dumouriez** à l'armée du Nord. Dans la campagne contre les Autrichiens, il fit preuve de courage, mais trop proche de **Dumouriez** il fut arrêté après la trahison de celui-ci. Relaxé grâce à **Danton,** il fut nommé général de brigade, en mai 1793, ou il fut aussitôt affecté comme commandant en chef de l'armée des côtes de La Rochelle.

En lutte contre l'insurrection vendéenne, il prit Parthenay puis Châtillon, en juin 1793, mais il fut chassé de cette ville. Défait par le général vendéen **La Rochejaquelein** à la Flèche, début décembre 1793, il prit sa revanche au Mans et surtout à **Savenay**. Fin 1793, il écrivit alors au **Comité de salut public** une lettre célèbre contenant le passage suivant : « *Il n'y a plus de Vendée. Elle est morte sous notre sabre libre, avec ses femmes et ses enfants. Je viens de l'enterrer dans les marais et dans les bois de Savenay. Je n'ai pas un prisonnier à me reprocher. J'ai tout exterminé* » À l'époque, le caractère implacable de Westermann en faisait la terreur des royalistes. Rappelé à Paris, après la bataille de **Savenay**, Westermann fut pourtant proscrit quelques semaines plus tard pour être notamment resté l'ami de **Danton**. Traduit devant le **Tribunal révolutionnaire**, il fut condamné à mort et guillotiné en avril 1794, dans la même charrette que **Danton** et **Desmoulins**.

Les Révolutionnaires
(les chefs militaires)

Jean-Baptiste Kléber (1753-1800)

Né à Strasbourg, Kléber se destinait initialement à l'architecture. Il exerça d'ailleurs à Besançon puis à Strasbourg. Après un bref passage dans l'armée autrichienne comme sous-lieutenant, on le revit en Alsace comme inspecteur des bâtiments publics. Quand la Révolution commença il s'engagea comme volontaire, en juillet 1789. Reconnu rapidement pour ses qualités, il fut nommé lieutenant-colonel, dès mai 1792. Dans l'armée de **Custine**, il se distingua par sa défense acharnée de Mayence. Il fut réorienté ensuite en Vendée pour mater l'insurrection régionale. D'abord battu à Torfou (et grièvement blessé), Kléber prit sa revanche à **Cholet**. En octobre 1793, il fut directement nommé général de division par les représentants en mission. Il triompha alors au Mans et à **Savenay**, en décembre 1793, mettant fin, en compagnie de **Marceau**, à la « grande guerre » vendéenne. Kléber remporta également de belles victoires en 1794 (vainqueur à Charleroi et à **Fleurus**). Par la suite, il servit brillamment dans l'armée de Sambre-et-Meuse, associé à **Jourdan**. Il est, d'ailleurs considéré comme le meilleur artisan des victoires de cette célèbre armée, mais les deux hommes ne s'entendirent pas. Plus tard, il suivit Bonaparte en Égypte où il s'illustra de nombreuses fois. Nommé commandant en chef de l'armée d'Orient, son sort était réglé dès lors qu'il n'avait plus aucun moyen de quitter l'Égypte. Il mourut, assassiné par un jeune Syrien, en juin 1800.

Les Révolutionnaires
(les chefs militaires)

Lazare Carnot (1753-1823)

Lazare Carnot fut d'abord un brillant scientifique, mais fut essentiellement un remarquable général et un homme clé de la Révolution, jouant un rôle majeur jusqu'à la Restauration. Élu député, en 1791, à l'Assemblée législative, puis réélu, en 1792, à la Convention, il fut rapidement membre du comité militaire et fit décréter l'armement d'une nouvelle garde nationale. Nommé au **Comité de salut public**, en juillet 1793, délégué aux Armées, il créa les quatorze armées de la République. Honnête et scrupuleux, gros travailleur, dur envers lui et les autres, peu manipulable, il fut sans conteste celui qui empêcha que la Révolution s'écroule sous les coups de boutoir des armées coalisées contre la France. À cette époque, bien qu'il ne s'occupait que des opérations militaires, il dut faire face à l'hostilité des Hébertistes et des Enragés lui reprochant son tempérament de dictateur. **Robespierre** le craignait également, voyant en lui quelqu'un qui pouvait le remplacer, car il était « vertueux ». Après la chute de ce dernier, Carnot, ballotté entre thermidoriens et royalistes, eut du mal à trouver sa place. Sous le Consulat, il se rallia à Bonaparte et fut brièvement ministre de la Guerre, en avril 1800, mais ne s'entendit pas avec lui. Encore ministre de l'Intérieur pendant les Cent-jours, Carnot fut banni comme régicide sous la Restauration et se retira à Magdebourg. Ses cendres furent transférées au Panthéon en août 1889 au cours d'une imposante cérémonie, pendant le septennat de son petit-fils, Président de la République, Sadi Carnot.

Les Révolutionnaires
(les chefs militaires)

Louis-Marie Turreau (1756-1816)

Louis-Marie Turreau fut un général ayant servi pendant la Révolution et sous l'Empire. Il devint un fervent révolutionnaire dès 1789, proche des Montagnards. Promu général de brigade en juillet 1793 puis général de division, quelques semaines plus tard, il fut ensuite nommé à la tête de l'Armée des Pyrénées-Orientales jusqu'à la fin novembre 1793. Ce fut à partir de cette époque que Turreau fit parler de lui. On le nomma, en Vendée, commandant en chef de l'Armée de l'Ouest. Il prit sa nouvelle affectation sans enthousiasme particulier, du fait que l'Armée catholique et royale avait été écrasée par **Kléber, Westermann** et **Marceau**, à Savenay, fin décembre 1793. Chargé par le gouvernement révolutionnaire de pacifier la Vendée militaire après l'écrasement des insurgés, lors de la « **Virée de Galerne** », il mit en place des colonnes militaires afin de traquer les « brigands » ayant participé à la révolte. Selon certains historiens, il fit périr ainsi entre 20 et 50 000 personnes (dont de nombreux civils) en quelques mois. Les « colonnes infernales » de Turreau, censées « pacifier » la Vendée, aboutirent au résultat opposé. Ces massacres (ce génocide pour les Vendéens) entraînèrent une nouvelle révolte chouanne, gâchant la victoire que les Républicains avaient remportée, en décembre 1793. Rappelé en mai 1794, puis arrêté en septembre 1794, Turreau passa un an en prison. Sous le Directoire, il fut acquitté par un tribunal militaire qui jugea qu'il n'avait fait finalement qu'exécuter les ordres. Plus tard, Napoléon en fit même un baron d'Empire.

Les Révolutionnaires
(les chefs militaires)

Jean-Charles Pichegru (1761-1804)

Issu d'une famille de paysans, Jean-Charles Pichegru eut un curieux destin. Déjà présent dans la guerre d'Amérique, il prit fait et cause pour la Révolution en militant avec ardeur au club des Jacobins de Besançon. Devenu lieutenant-colonel d'un bataillon de volontaires, il multiplia les promotions à très grande vitesse. En octobre 1793, il commandait l'Armée du Rhin, subordonné à **Hoche** pour la reconquête de l'Alsace. Mais au printemps 1794, soutenu par la faveur de **Saint-Just**, il commanda l'Armée du Nord, conjugua ses actions avec **Jourdan** pour achever la **conquête de la Belgique.** En janvier 1795, il s'empara de toute la **Hollande**. Pichegru apparaissait alors comme l'un des plus glorieux et des plus sûrs chefs « sans-culottes ». D'ailleurs, de passage à Paris en avril 1795, il reçut pleins pouvoirs de la Convention pour mater une insurrection populaire. Ce fut à partir de cet événement qu'il changea de bord. À peine nommé au commandement de l'armée nouvellement créée de Rhin-et-Moselle, il accepta une série d'entrevues avec un agent du futur Louis XVIII. Il s'engagea alors par écrit à mettre rapidement son armée au service de la royauté, moyennant finance et autres prébendes. Se sentant suspecté, il offrit sa démission, qui fut acceptée à sa grande surprise. Déporté à Cayenne, en 1797, il s'en échappa rapidement et participa à la conspiration contre Bonaparte, menée par Cadoudal, en janvier 1804, qui échoua. Arrêté, il mourut en avril 1804 au cours de sa détention au Temple, officiellement par suicide.

Les Révolutionnaires
(les chefs militaires)

Jean-Baptiste Jourdan (1762-1833)

Jean-Baptiste Jourdan fut de tout temps un soldat. Déjà présent durant la guerre en Amérique, la Constituante l'envoya à l'Armée du Nord pour se battre à **Jemappes** et à **Neerwinden.** Jourdan monta alors rapidement de grade comme de nombreux sous-officiers sous la Révolution. Général de division dès juillet 1793, il fut, en septembre (avec **Pichegru** et **Hoche**) l'un des commandants en chef nommés par le **Comité de salut public.** En octobre, il battit le Prince de Cobourg à **Wattignies**, débloqua Maubeuge et stoppa l'offensive autrichienne sur Paris. Après une brève disgrâce due à la méfiance de **Carnot**, il commanda l'armée réunie sur la Sambre. Ce fut le grand vainqueur de **Fleurus** en juin 1794. Il commanda alors la nouvelle armée qui prit le nom de Sambre-et-Meuse, la plus républicaine des armées de l'époque. En 1794, il acheva la **conquête de la Belgique** et de la rive gauche du Rhin. Mais Jordan fut moins heureux sous le Directoire. En 1795, il ne put maintenir son offensive au-delà du Rhin et, mal soutenu par **Pichegru**, dut se replier. En 1796, il parvint jusqu'à Nuremberg, se replia de nouveau. Battu à Amberg, il se démit alors de son commandement. Député l'année suivante aux Cinq-Cents, il siégea à l'extrême gauche. Jacobin toujours aussi ardent, il s'opposa au « 18 Brumaire ». Inscrit sur la liste des Jacobins à déporter, il fut finalement rayé grâce à l'intervention de Fouché. Par la suite, Bonaparte l'utilisa assez peu et essentiellement en Espagne. Quant à Louis XVIII, il le fit (curieusement) comte et pair de France.

Les Révolutionnaires
(les chefs militaires)

Lazare Hoche (1768-1797)

Lazare Hoche était un homme lettré. Sergent dans la garde nationale parisienne, dès septembre 1789. Sous-officier en mai 1792, capitaine en septembre, il fut actif pour défendre Thionville et participer aux sièges de Namur et de Maastricht. Bientôt, Hoche adressa au **Comité de salut public** un mémoire audacieux sur la situation militaire qui lui valut rapidement le grade de général de division, en octobre 1793 (à 25 ans !!) et le commandement de l'armée de la Moselle. En décembre 1793, il remporta l'éclatante **victoire du Geisberg**, qui sauva l'Alsace. Mais s'étant attirée l'inimitié de **Saint-Just**, car davantage cordelier que jacobin, il fut destitué et emprisonné. Libéré après **Thermidor**, Hoche fut rapidement nommé commandant des armées de l'Ouest, peu à peu réunies entre ses mains. Par ses mesures à la fois militaires et politiques, sachant être tolérant sans cesser d'être révolutionnaire, il jugula la chouannerie, écrasa les émigrés à **Quiberon** et réussit à pacifier la Vendée. En 1796, Hoche fut nommé au commandement de l'Armée d'Angleterre. Chargé d'opérer un débarquement en Irlande, une tempête et les hésitations de Grouchy firent échouer l'expédition. Nommé au commandement de l'Armée de Sambre-et-Meuse, il franchit le Rhin, battit les Autrichiens à Neuwied, en avril, mais ne put pousser son avance à cause de la signature des préliminaires de paix à Leoben. Hoche, sans doute le meilleur militaire de la Révolution, selon Napoléon, mourut très jeune de la tuberculose, à 29 ans !

Les Révolutionnaires
(les chefs militaires)

François Marceau (1769-1796)

François Séverin Marceau-Desgraviers s'engagea dès 16 ans dans un régiment d'infanterie. Puis il entra dans la Garde nationale le 14 juillet 1789. Officier, en 1791, du bataillon des volontaires d'Eure-et-Loir, il obtint en novembre 1792, sa réintégration dans l'armée régulière, avec le grade de lieutenant de cavalerie. En 1793, il fut envoyé en Vendée où il se couvrit de gloire en un temps record. Ses actions dans la région lui valurent une série de promotions rapides et exceptionnelles : simple capitaine en mai 1793, général de brigade en octobre, général de division en novembre, puis général en chef par intérim de l'Armée de l'Ouest en décembre 1793. Par la suite, Marceau remporta deux victoires décisives au Mans, puis à **Savenay**. Nommé à l'Armée des Ardennes, future armée de Sambre-et-Meuse, il participa aux principales batailles de la campagne de 1794, dont la grande victoire de **Fleurus** (fin juin) et reçut fin octobre la reddition de Coblence, qui permît la jonction avec l'Armée de Rhin-et-Moselle. Marceau eut encore le temps de battre les Autrichiens à Neuwied en octobre 1795. Chargé de garder les passages du Rhin, tandis que les deux armées républicaines s'employaient à des campagnes infructueuses contre les Autrichiens, il fut mortellement blessé près d'Altenkirchen, alors qu'il protégeait la retraite des troupes françaises. Le général Marceau fut l'archétype (avec **Hoche**) de ces jeunes soldats que révéla la Révolution, du fait de l'émigration massive des cadres militaires de l'ex armée royale.

Les contre-révolutionnaires
(les royalistes)

Comte de Montmorin (1745 -1792)

Après avoir été ambassadeur du roi de France en 1774 auprès de l'électeur de Trèves, le comte de Montmorin fut envoyé, de 1778 à 1784, en poste à Madrid comme ambassadeur. Sur place, il fut notamment chargé de négocier l'entrée en guerre du royaume d'Espagne aux côtés de la France et des insurgents nord-américains, contre le royaume d'Angleterre. Sa mission, menée avec ténacité, vint à bout des réticences du gouvernement espagnol qui craignaient, à juste titre, que les aspirations des colons anglais à l'indépendance se propagent à leurs colonies sud-américaines. Montmorin devint ensuite ministre des Affaires étrangères de Louis XVI, en février 1787. Renvoyé le 12 juillet 1789, en même temps que Necker, il fut rappelé après la journée du 14 juillet 1789. On pouvait alors le qualifier de « monarchien », c'est-à-dire de contre-révolutionnaire modéré, convaincu qu'il était de la nécessité d'accepter certaines réformes pour sauver la monarchie. Pendant son ministère, il mit sur pied, avec Mirabeau, le fameux « atelier de police » dont **Danton** était sans doute l'un des agents. Sorti du ministère, fin novembre 1791, il forma avec Malouet, Molleville et quelques autres une police secrète dénoncée par le journaliste Carra, sous le nom de « comité autrichien » Après le 10 août 1792 et l'incarcération de la famille royale, il tenta de se cacher, mais fut découvert. Emprisonné en août 1792, il fut l'une des victimes de choix des « massacres de septembre »

Les contre-révolutionnaires
(les royalistes)

Duc de La Rochefoucault-Liancourt
(1747 -1827)

Grand maître de la garde-robe de Louis XVI, François le la Rochefoucauld-Liancourt fut élu aux États Généraux par la noblesse de son bailliage. À la Constituante, il s'efforça de concilier idées nouvelles et monarchie. Célèbre pour sa repartie au roi qui au soir du 14 juillet 1789 lui avait demandé s'il s'agissait d'une révolte, et qui lui avait alors répondu « *non, sire, c'est une révolution* ». Il conjura le roi de se rendre à l'Assemblée nationale, de rappeler Necker et d'ordonner le départ des troupes étrangères cantonnées aux environs de Versailles et de Paris. Défenseur de la monarchie constitutionnelle, membre actif du club des Feuillants, il se positionna à gauche à l'Assemblée pour servir de caution à la royauté sur les bonnes intentions initiales de celle-ci. L'assemblée accueillit favorablement ses rapports sur la mendicité, sur l'état des hôpitaux du royaume, sur la formation d'ateliers de secours pour les indigents. Cet homme éclairé et modéré conseilla fidèlement le roi et la cour, mettant même à leur disposition sa considérable fortune. Après le 10 août 1792 et la chute du roi, il prit le titre de duc de la Rochefoucault porté par son cousin disparu. Il émigra d'abord en Angleterre puis s'installa aux États-Unis. Revenu en France après la prise de pouvoir de Bonaparte, il vécut à Liancourt, se consacrant à des œuvres charitables, à sa ferme modèle et à son école d'arts et métiers. Il fut fait pair de France par Louis XVIII et termina sa vie comme membre de l'Académie des sciences.

Les contre-révolutionnaires
(les royalistes)

Princesse de Lamballe (1749-1792)

Marie-Thérèse Louise de Savoie-Carignan était issue de la famille princière de Savoie. Ayant épousé très jeune le prince de Lamballe, cousin lointain de Louis XVI, elle devint veuve à l'âge de 18 ans. C'était, semble-t-il, une femme de tempérament paisible, pieuse et discrète qui fit connaissance de la dauphine vers 1770. Devenue reine, Marie-Antoinette fit de la princesse, non remariée et sans enfant, la surintendante de sa maison. Cependant, jugée trop sérieuse, la princesse de Lamballe fut par la suite éclipsée par d'autres confidentes, notamment par la duchesse de Polignac. À compter de 1789, les évènements révolutionnaires rapprochèrent de nouveau les deux femmes. Très dévouée et fidèle à la reine, il semble que la princesse ait joué un rôle d'intermédiaire entre certains révolutionnaires modérés et Marie-Antoinette. Après l'arrestation de la famille royale, en août 1792, la princesse suivit ses maîtres à l'Assemblée puis au Temple, fut transférée le 19 août à l'Hôtel de ville avant d'échouer finalement à la prison de la Force. Madame de Lamballe se trouva alors au mauvais endroit, au mauvais moment, lorsque les révolutionnaires ivres de colère et de haine massacrèrent, début septembre 1792, les « ci-devants » emprisonnés. La fin horrible de la princesse est restée célèbre, sa tête étant promenée sous les fenêtres de la reine. Concernant son martyre, certains détails rapportés semblent sujets à caution tant ils furent nombreux et contradictoires. Sa fin tragique de toute façon servait aussi bien les révolutionnaires que les royalistes.

Les contre-révolutionnaires
(les royalistes)

Trophime Gérard de Lally-Tollendal (1751-1830)

Gérard de Lally-Tollendal était le fils légitimé du, baron de Tollendal, officier français d'origine irlandaise, un soldat rendu responsable de la défaite française lors du siège de Pondichéry, en janvier 1761. Gérard de Lally Tollendal se fit d'abord connaître en publiant des « Mémoires » et des plaidoyers pour obtenir, avec l'aide de Voltaire, la réhabilitation (en vain) de son père, mort sur l'échafaud. Député de la noblesse aux États Généraux, il fut membre de l'Assemblée nationale constituante. Il fut l'auteur de l'addition relative à la « distinction des vertus et des talents » dans l'article 6 de la Déclaration des droits de l'homme et du citoyen d'août 1789. Démissionnaire de cette assemblée après les journées des 5 et 6 octobre 1789, qui ramenèrent Louis XVI à Paris, il émigra en Suisse, en 1790. Il revint pourtant en France en 1792 pour tenter, en vain, d'en faire sortir le roi et ses proches. Arrêté le 10 août 1792 et incarcéré à la prison de l'Abbaye, il en fut libéré le mois suivant, très peu de temps avant les « massacres de Septembre » Reparti en exil, il revint en France après le coup d'État du 18 brumaire, mais ne retrouva un rôle officiel qu'à partir de la première restauration, où il sera couvert d'honneurs en étant fait marquis de Lally-Tollendal, dès 1815.
Il fut également nommé membre de l'Académie française en 1816 par ordonnance royale, au fauteuil 31, peu après l'exclusion d'Emmanuel Joseph Sieyès, rayé pour cause de régicide.

Les contre-révolutionnaires
(les royalistes)

Joseph de Maistre (1753-1821)

Magistrat savoyard imprégné de Voltaire, influencé par la franc-maçonnerie et « l'illuminisme », (courant de pensée religieux revendiquant une croyance affranchie de la religion révélée, reliée intérieurement à Dieu sans médiation autre que spirituelle). Joseph de Maistre entra en résistance lorsque son pays fut envahi, en septembre 1792, par les armées révolutionnaires françaises. Rapidement, la Convention décréta la réunion de la Savoie à la France. Réfugié à Lausanne, Maistre publia alors, en 1796, ses « *Considérations sur la Révolution française* » où il dépeignit la Révolution comme une catastrophe voulue par la Providence. Envoyé du roi de Sardaigne en Russie, il séjourna à Saint-Pétersbourg de 1802 à 1817 et y rédigea l'essentiel de son œuvre. Celle-ci développe une pensée contre-révolutionnaire. Maistre affirmant que « l'Homme », en tant qu'entité abstraite, n'existait pas. Ce dernier appartient avant tout à la société. Les êtres vivants ne peuvent donc se définir que rapporté au contexte particulier dans lequel ils vivent ou rapporté à l'organisme politique dont ils sont une cellule. En d'autres termes, un individu isolé n'est rien, puisqu'il est « abstraitement » séparé de l'autorité et des traditions qui font la société. Dès lors, livrés à eux-mêmes, les hommes essaient surtout de détruire l'existant. Ils n'en sont d'ailleurs pas capables, puisqu'ils sont soumis à la « Providence » qui se sert des individus pour se régénérer en permanence (Terreur régénérée par Thermidor régénéré par l'Empire régénéré par la Restauration).

Les contre-révolutionnaires
(les royalistes)

Baron de Batz (1754-1822)

Gascon débrouillard et spéculateur habile, le baron de Batz commença sa carrière comme chargé d'affaires du baron de Breteuil. Voyant la Révolution arriver, il s'engouffra dans un milieu dont il pensait tirer profit. Élu par la noblesse aux États Généraux de 1789, il devint rapidement un spécialiste des questions financières, présidant notamment le comité de liquidation des dettes de l'État. Aucun comité ne revêtait autant d'importance que ce dernier parce que, touchant à tout Batz était informé de tout. Parallèlement, Batz émargea sur la cassette du roi, envoya de l'argent aux émigrés avant d'émigrer à son tour pour mieux revenir muni de passeports en règle. Il tenta (semble-t-il) en vain de sauver le roi, avant son **exécution**, puis s'introduit au Temple sans pouvoir faire évader la reine. Ami proche de **Chabot**, il était informé des principales décisions du **Comité de sûreté général,** ce qui lui donnait un temps d'avance. Financièrement, il compromit des comparses conventionnels dans des spéculations notamment sur les actions de la Compagnie des Indes. **Robespierre** n'était pas un financier, mais sentait que Batz était dangereux. Il en fit la principale tête de la conspiration contre-révolutionnaire et ne cessa de le dénoncer. Muni de faux passeports, le baron de Batz fut vu partout mais arrêté nulle part sauf lors de l'insurrection du **13 vendémiaire** (en octobre 1795). Une fois de plus, il réussit à se faire libérer. Il termina sa vie paisiblement sous la Restauration.

Les contre-révolutionnaires
(les royalistes)

Louis de Bonald (1754-1840)

Louis de Bonald servit d'abord aux Mousquetaires du Roi. En 1791, protestant contre le serment constitutionnel des prêtres, il émigra et rejoignit l'armée de Condé où il servit jusqu'en 1795. Établi en Suisse, sa critique des événements révolutionnaires l'amena à publier, en 1796, son œuvre maîtresse, « *la Théorie du Pouvoir politique et religieux dans la Société civile* », démontrée selon lui par le raisonnement et par l'histoire. Bonald s'y employa à ruiner les fondements de la Révolution. Il s'opposa ainsi à la théorie du contrat social de Rousseau et à l'individualisme issu selon lui des Lumières et du XVIIIème siècle. Bonald affirma ainsi que la monarchie était la base de l'organisation de la société. Celle-ci étant un ensemble de communautés à la hiérarchie desquelles présidait le roi, qui était le seul investi de l'autorité par la présence divine tandis que les trois ordres empêchaient la tyrannie de s'installer. De leur côté, les corporations avaient pour mission d'encadrer le travail du peuple. Cet ordre a été détruit par la Révolution qui a libéré la volonté naturellement corrompue des hommes. Elle conduirait depuis lors le monde à sa perte. Plus tard, Bonald enrichit sa théorie en publiant, en 1800, un « *essai analytique sur les Lois naturelles de l'Ordre social* ». Bonald reste de nos jours considéré comme l'idéologue de la monarchie chrétienne, le théoricien du Parti légitimiste. Sa pensée fut relayée au XXème siècle par celle de Charles Maurras.

Les contre-révolutionnaires
(les royalistes)

Stanislas de Clermont-Tonnerre (1757-1792)

Ami des encyclopédistes, homme cultivé mais un peu léger, bon orateur, fervent admirateur de la monarchie constitutionnelle à l'anglaise, le comte de Clermont-Tonnerre se lança avec enthousiasme dans la politique, en 1789. Élu de la noblesse, ce fut lui qui se mit à la tête des 47 députés de la noblesse qui rejoignirent volontairement le tiers état, fin juin 1789. Pour lutter contre l'influence croissante des Jacobins, il créa, en janvier 1790, avec son ami, Pierre Victoire Malouet, le club des Impartiaux. Un club dont les locaux furent rapidement détruits par les sans-culottes. Il créa alors la Société des Amis de la Constitution monarchique réunissant les conservateurs de l'Assemblée, partisans d'une monarchie tempérée, à l'anglaise. Étranglée par les poursuites judiciaires et les manifestations hostiles, la société dut fermer à la veille de la fuite du roi, à Varennes. En avril 1792, il se joignit à la conjuration Malouet qui prévoyait de faire sortir Louis XVI de Paris à la tête d'une petite troupe pour le conduire vers Rouen où un bateau l'attendait pour l'Angleterre. La reine s'opposa à ce plan, jugé trop périlleux. Dans la **constitution de 1791,** Clermont-Tonnerre fut de ceux qui imposèrent que le roi puisse bénéficier d'un veto suspensif. Attaqué alors par tout le monde, des Girondins aux Montagnards, il devint « l'ennemi du peuple » Malgré son retrait de la vie politique, il fut arrêté à Paris le 10 août 1792, lors de la chute de la royauté. Le même jour, après avoir été relâché, il fut défenestré par des émeutiers en rentrant chez lui.

Les contre-révolutionnaires
(les royalistes)

Madame Elizabeth (1764-1794)

Élisabeth de France fut la plus jeune sœur des derniers rois Bourbons. Elle était la fille du dauphin Louis (mort avant son père Louis XV et n'ayant donc pas régné) et de Marie-Josèphe de Saxe. Elle perdit ses parents très tôt. Dans ses jeunes années, madame de Marsan fut une gouvernante stricte. Madame Elizabeth vécut alors à Versailles, à la cour de son frère Louis XVI. Elle ne se maria pas et n'eut donc pas d'enfant. Elle mena une existence pieuse, discrète et plutôt retirée. Quand la Révolution se déclara, sa piété la poussa à s'élever contre la saisie des biens ecclésiastiques et la Constitution civile du clergé. Son entente avec Marie-Antoinette fut fluctuante, car malgré tout madame Élizabeth avait un certain caractère. La reine lui reprochait d'avoir favorisé les projets des frères du roi au détriment de son époux. En juin 1791, toute la famille royale tenta de s'enfuir, mais fut arrêtée à Varennes. Élisabeth resta emprisonnée au Temple près de deux ans, en compagnie de madame Royale sœur aînée du dauphin Louis XVII. La découverte de ses correspondances avec le comte d'Artois (futur Charles X) motiva son jugement et sa condamnation par le **Tribunal révolutionnaire**. L'accusateur public l'ayant affublé de « *sœur d'un tyran* », elle aurait répliqué : « *Si mon frère eût été ce que vous dites, vous ne seriez pas là où vous êtes, ni moi, là où je suis !* » Elle mourut sur l'échafaud à Paris, le 10 mai 1794, deux mois seulement avant la fin de la Terreur.

Les contre-révolutionnaires
(les généraux vendéens)

Maurice d'Elbée (1752-1794)

Officier de cavalerie en retraite, issu de petite noblesse, d'Elbée ne désapprouva pas la Révolution à ses débuts. Mais la promulgation de la Constitution civile du clergé l'entraîna dans la révolte. Quand se déclencha l'insurrection vendéenne, en mars 1793, il devint rapidement l'un des principaux généraux de l'Armée vendéenne. Avec **Cathelineau** et **Stofflet,** il remporta quelques succès initiaux. À la mort de **Cathelineau**, ce fut d'Elbée qui lui succéda. Dès avril 1793, il fut le principal chef de l'armée angevine. Ce fut lui qui créa le Conseil supérieur de Châtillon, conçu pour donner une orientation politique et religieuse à l'insurrection vendéenne. D'Elbée dirigea l'offensive sur Nantes, en juin 1793, qui échoua de peu, faute de coordination. Puis il s'efforça d'organiser un contrôle militaire aux régions conquises par ses troupes. Il mit en place une surveillance des républicains restés sur place. D'Elbée se distingua d'une façon générale par une vision politique plus large que ses collègues, s'opposant à des raids armés sans lendemain. Mais l'arrivée de troupes républicaines de plus en plus nombreuses et aguerries l'obligea à s'engager dans une tactique défensive. Les armées vendéennes arrêtèrent de justesse leurs adversaires, en septembre, mais furent bien battues à **Cholet**, en octobre 1793. D'Elbée, grièvement blessé, dut se retirer sur l'île de Noirmoutier bientôt prise par les républicains. Il fut fusillé dans son fauteuil devant le château de la ville.

Les contre-révolutionnaires
(les généraux vendéens)

Jean-Nicolas Stofflet (1753-1796)

Jean-Nicolas Stofflet joua un rôle important dans le premier soulèvement militaire de la Vendée qui eut lieu de 1793 à 1796. Longtemps simple soldat dans un régiment suisse en France puis garde-chasse au service d'un comte, Stofflet rejoignit les Vendéens quand ils se révoltèrent contre la Révolution pour défendre leur religion et leurs principes royalistes. Ayant rejoint en mars 1793 les insurgés de **Jacques Cathelineau** (le « saint » de Vendée), ce fut sous ses ordres qu'il prit **Cholet** en mars et gagna la bataille de bois Grolleau en avril. Il commanda avec un certain succès l'Armée d'Anjou et du Haut-Poitou puis succéda à **La Rochejaquelein** comme général en chef de l'Armée Catholique et Royale. Il ne parvint toutefois pas à fédérer l'ensemble des chefs vendéens sous son nom, en raison semble-t-il d'un manque de qualités humaines. Stofflet était intelligent, bon militaire, mais était aussi dur, froid et ambitieux. Ses querelles avec **Charette**, et les revers subis par les armées vendéennes le conduisirent à faire sa soumission et à accepter les termes du **traité de Saint-Florent-le-Vieil,** en mai 1795. Cependant, il viola bientôt ce traité et, en décembre 1795, reprit les armes à l'instigation d'agents royalistes pour le compte du comte de Provence (le futur Louis XVIII) de qui il avait reçu le rang de maréchal de camp. Cette dernière tentative de Stofflet échoua complétement. Arrêté par les républicains sur trahison, il fut fusillé à Angers à l'âge de 43 ans.

Les contre-révolutionnaires
(les généraux vendéens)

Jacques Cathelineau (1759-1793)

Jacques Cathelineau fut le chef contre révolutionnaire le plus emblématique de l'armée vendéenne. Au départ, simple roturier, mais d'une grande piété, on le surnomma rapidement le « Saint de l'Anjou ». Ce fut en mars 1793, soit 2 jours après le soulèvement de la ville de Saint-Florent-le-Vieil, en Maine-et-Loire, qu'il prit sur lui d'affronter les républicains avec l'aide de tous les hommes valides du village. Le lendemain, Cathelineau parvint à s'emparer du château de Jallais et le surlendemain, ce fut la commune de Chemillé qui tomba. Après un intermède durant les vacances de Pâques, il prit les villes de **Cholet**, Vihiers et Chalonnes en Maine-et-Loire avec l'aide de **Jean-Nicolas Stofflet** et de trois milles hommes qui s'étaient agrégés progressivement. Cathelineau s'empara ensuite de Beaupréau, en avril 1793, puis de Thouars en mai. Trois jours après la prise de Saumur, le 9 juin, les autres chefs vendéens **Lescure** et **d'Elbée** acceptèrent de désigner Cathelineau comme général en chef de l'armée catholique et royale. Une façon de flatter les masses paysannes (constituant l'essentiel des troupes insurgées) en mettant un des leurs à leur tête. Fin juin 1793, Cathelineau prit Angers, mais se retrouva en difficulté à Nantes où il fut mortellement blessé. Cet événement entraîna la capitulation de l'armée vendéenne, mortifiée de voir que son chef n'était pas invulnérable. Cathelineau mourut des suites de ses blessures le 14 juillet 1793.

Les contre-révolutionnaires
(les généraux vendéens)

Marquis de Bonchamps (1760-1793)

Charles Melchior Artus, marquis de Bonchamps, fut un militaire de la rébellion vendéenne. Il servit d'abord dans la guerre d'Amérique et se trouvait capitaine au régiment d'Aquitaine, lorsque la Révolution française, qu'il désapprouvait, lui fit quitter cette place. Retiré dans son château, les insurgés vinrent le chercher pour le mettre à leur tête. Général prudent mais habile, il constitua en quelques jours deux compagnies équipées à ses frais constituant le noyau de la grande armée vendéenne. Au printemps 1793, il battit épisodiquement les républicains (Montjean, Chalonnes et Thouars). À la mort de **Cathelineau**, en juillet 1793, on lui préféra **d'Elbée** comme général en chef de l'armée catholique et royale. On lui reprochait sa tendance à refuser de folles entreprises qui passaient, à tort, pour de la mollesse et de l'indécision. Fin septembre 1793, il prit encore quelques villes. Mais de nombreux combats furent indécis et sans grande portée. Ce fut surtout à **Cholet,** en octobre 1793, que tout se joua. Les unités vendéennes, pourtant plus nombreuses, mais mal équipées et indisciplinées, furent mises en déroute par les Républicains sous les ordres de **Kléber** et de **Marceau**. Il y eut peu de batailles où les deux parties se furent entrechoquées avec autant de fureur. La perte des insurgés fut évaluée à 8 000 hommes tués ou blessés. **D'Elbée** y fut blessé grièvement et Bonchamps mortellement. Ce dernier, porté à Saint-Florent-le-Vieil, demanda la grâce et la libération de 5 000 soldats républicains avant de mourir. Ce qui lui fut accordé.

Les contre-révolutionnaires
(les généraux vendéens)

François Charette de la Contrie (1763-1796)

Lorsque débuta la Révolution, François Charette de la Contrie, ancien lieutenant de vaisseau dans la marine royale, commença par quitter la France avant de revenir dans son marais breton, au printemps 1792. Happé par les évènements qui mettaient aux prises les « blancs » vendéens aux « bleus » républicains, il devint, jusqu'à la fin 1793, davantage un chef de bande qu'un général vendéen rassembleur. Il prit Machecoul en juin 1793 et devint maître de tout le pays de Retz. À la mort de **Cathelineau**, on le jugea trop jeune pour devenir généralissime des armées vendéennes. On lui préféra **Maurice d'Elbée**, qui avait une vision plus large des évènements. Mais après l'échec vendéen de **Cholet** en septembre 1793, ce fut durant toute l'année 1794 que ses capacités militaires s'imposèrent. Seul général d'envergure à tenir le pays nantais, Charette fut pourtant poursuivi fréquemment par les troupes de **Turreau**, auxquelles il échappa brillamment, avant de leur infliger de sérieux revers. Maître de la région pendant près de deux ans, c'est lui qui signa en février 1795 **le traité de paix de La Jaunaye,** particulièrement favorable aux insurgés vendéens. Charette reprit, à tort, les armes fin juillet 1795 sur la promesse des Anglais d'un débarquement à l'île d'Yeu, qu'il attendit en vain. Par la suite, le débarquement raté **d'émigrés royalistes à Quiberon**, l'action pacificatrice de **Hoche** contre les blancs et sa rivalité avec **Stofflet,** isola Charette jusqu'à ce qu'il soit lui-même capturé et fusillé en mars 1796, à 33 ans seulement.

Les contre-révolutionnaires
(les généraux vendéens)

Marquis de Lescure (1766-1793)

Issu d'une famille noble du Poitou, Louis-Marie de Salgues, marquis de Lescure fut pour ses contemporains un modèle de tempérance, de courage et de piété. Tourné vers l'art militaire, fort érudit, il n'était pas à l'origine opposé aux idées nouvelles de la Révolution. Il n'émigra qu'à la suite de la tentative ratée de fuite du roi, en juin 1791. Mais il revint en France, s'engagea dans la garde royale et participa à la vaine défense des Tuileries, le 10 août 1793, date de l'arrestation de Louis XVI. Lescure se retira alors dans son Poitou. Quand la révolte éclata, en Vendée, en mars 1793, considéré comme suspect, il fut arrêté préventivement à Clisson. Lescure fut alors emprisonné à Bressuire. Libéré par l'avancée vendéenne et par son cousin **Henri de la Rochejaquelein**, Lescure devint dès lors l'un des principaux chefs de la révolte vendéenne. Calme et courageux, il galvanisa les paysans rassemblés autour de lui. Il battit notamment les « bleus » à Thouars, Fontenay et Saumur. Après l'attaque infructueuse de Nantes, fin juin 1793, qui marqua un tournant dans la guerre de Vendée, il s'installa à Bussières où il tenta, en vain, de rassembler les troupes dispersées de l'Armée catholique et royale. Chassé de son quartier général de Bussière par **Westermann,** il le battit encore à Tiffauges, mais il ne put continuer. Blessé mortellement au combat de la Tremblaye, en octobre 1793, porté agonisant par ses hommes après le désastre de **Cholet**, il mourut durant la retraite des troupes vendéennes.

Les contre-révolutionnaires
(les généraux vendéens)

La Rochejaquelein (1772-1794)

Henri du Vergier, comte de la Rochejaquelein fit des études militaires. Il s'engagea initialement dans la garde constitutionnelle du roi et reçut le baptême du feu en participant à la défense des Tuileries, le 10 août 1792. Rentré dans ses terres, en Vendée, il refusa de se soumettre à la grande conscription décrétée par la République. Au printemps 1793, il rallia à lui quelques dizaines de paysans auxquels il aurait dit les célèbres paroles : *« Si j'avance, suivez-moi ; si je recule, tuez-moi ; si je meurs, vengez-moi ! »*
Il s'empara de Bressuire début mai 1793, puis de Fontenay, et début juin il fit son entrée dans Saumur. Toujours maître de lui, la Rochejaquelein modéra parfois l'ardeur vengeresse de ses hommes. Il fut décidé de se rendre en Bretagne pour y rejoindre un corps expéditionnaire anglais, attendu à Saint-Malo. Mais la « grande armée catholique et royale », à la tête de laquelle La Rochejaquelein venait de succéder à **d'Elbée** comme généralissime, s'égara en Bretagne, suivie d'une masse de femmes, d'enfants et de bétail qui gênèrent les opérations. La Rochejaquelein s'empara de Laval, de Fougères, d'Avranches, mais échoua devant Granville. Il dut rebrousser chemin, harcelé par **Marceau**, **Kléber** et **Westermann**. Battu au Mans, en décembre 1793, il éprouva un nouveau désastre au passage de la Loire où périt ce qui restait de son armée. Vaincu, la Rochejaquelein s'enfonça dans le bocage vendéen pour y continuer, avec quelques fidèles, une lutte sans espoir. Il fut tué dans un ultime engagement, fin janvier 1794.

Personnalités diverses

Joseph Guillotin (1738 -1814)

Avant 1789, les procédés pour exécuter les peines de condamnation à mort étaient disparates (potence, roue, bûcher…) et inégalitaires (décapitation à la hache pour les seuls nobles, pendaison pour les roturiers). En outre, à la hache, les bourreaux ou désignés comme tels, pouvaient se montrer maladroits, donnant un aspect effrayant à l'exécution finale.
En novembre 1789, le député et docteur Joseph Guillotin proposa à l'Assemblée constituante que soit développé un système spécifique permettant que l'exécution de la peine soit égalitaire et rapide. Au plan pratique, il s'adressa à un chirurgien, Antoine Louis, pour peaufiner un mécanisme déjà mis au point par un Allemand. D'où les surnoms de « Louison ou Louisette » qu'on lui donna initialement. Le principe étant accepté par l'Assemblée, **Le Peletier de Saint-Fargeau** fit voter le 5 juin 1791, que « *tout condamné à mort aura la tête tranchée* ». Par la suite, les députés et les journalistes lui donnèrent définitivement le nom de « guillotine » en souvenir du parlementaire à l'origine de sa création. Cet instrument commença à fonctionner dès avril 1792. Au **paroxysme de la Terreur**, du 10 juin au 27 juillet 1794, on décapita en moyenne 200 « condamnés » par jour ! Il a été calculé que près de 17 000 têtes tombèrent sous la Révolution. Le docteur Guillotin fut d'ailleurs bien près de perdre la sienne. Il fut sauvé par le **9 thermidor**. En France, la guillotine fonctionna jusqu'en 1977, avant que ne soit abolie la peine de mort en 1981.

Personnalités diverses

Choderlos de Laclos (1741 -1803)

Curieux personnage que ce Choderlos de Laclos qui mena au moins trois vies bien distinctes. Une première consacrée à l'armée, une seconde à la littérature et une dernière a la politique. Élève à l'École d'artillerie de la Fère, en 1759, sous-lieutenant en 1761, Laclos inventa le boulet creux chargé de poudre. Il fut également ingénieur. On lui « devrait » la construction de Fort Boyard, au large de La Rochelle. Mais ce fut son roman épistolaire (sous forme de lettres) écrit pour tuer l'ennui dans les villes de garnison, qui fit sa gloire en 1782 : « *Les Liaisons dangereuses* » Copieux roman dont le récit une mise en scène de l'amoralité cynique de la haute aristocratie de l'époque, libertine et athée. La dernière partie de sa vie fut consacrée à la politique. Coqueluche des salons, Laclos devint, en 1788 une espèce de secrétaire de **Philippe d'Orléans**. Il exerça alors sur le duc une influence notable. Quand la Révolution éclata, il se prit de passion pour celle-ci et siégea au club des Jacobins. Avec **Brissot**, il rédigea la pétition républicaine du Champ-de-Mars, en juillet 1791. La guerre venue, il fut nommé chef d'état-major à l'Armée des Pyrénées puis gouverneur des établissements français, en Inde. Arrêté avec d'autres orléanistes, en mars 1793, il fut le seul de son entourage à échapper à la guillotine. Laclos fut un bon exemple des relations troubles unissant les milieux orléanistes et révolutionnaires, jusque sous le Consulat. Bonaparte le maintint au grade de général.

Personnalités diverses

Antoine de Lavoisier (1743-1794)

Antoine Lavoisier fut le plus grand chimiste français du XVIIIe siècle. On lui doit, entre autres, la nomenclature chimique, la connaissance de la composition de l'eau et de l'air et la découverte du rôle de l'oxygène dans les combustions et la respiration animale. Fondateur également de la chimie moderne, à partir du principe : « *Rien ne se perd, rien ne se crée* », Lavoisier était aussi un agronome de talent. Le problème est venu du fait qu'il put financer l'ensemble de ses travaux grâce, notamment, à l'immense fortune qu'il avait accumulé en tant que « fermier général » chargé de la collecte des impôts. Mais acquis aux idées des « Lumières », il accueillit, pourtant, avec enthousiasme la Révolution et se consacra à des fonctions publiques, en relation avec l'agronomie. Mais lorsqu'à partir de juin 93, les Montagnards jacobins prirent le pouvoir, tous les symboles de l'Ancien régime furent stigmatisés et notamment celui de fermier général, une fonction particulièrement détestée du « peuple ». Accusé alors d'être un ennemi de la République, Lavoisier fut arrêté, fin novembre 93. Il ne put survivre à **l'accélération de la terreur**, au printemps 94 et fut guillotiné avec tous ses collègues de la « Ferme générale ». Ce fut à l'occasion de son procès expéditif que le président du **Tribunal révolutionnaire** sortit la célèbre (et peu heureuse) sentence « *La République n'a pas besoin de savants ni de chimistes…* »

Personnalités diverses

François Dominique Toussaint (1743-1794) (dit Toussaint-Louverture)

François Dominique Toussaint, dit Toussaint-Louverture naquit à Saint-Domingue (aujourd'hui Haïti) sous le statut d'esclave. Talentueux, le jeune Toussaint devint contremaître du domaine de son maître, qui l'affranchit en 1776. Mais à compter de 1791, ce fut lui qui prit la tête des quelques milliers d'esclaves qui se révoltèrent contre les colons français. Dans un premier temps, Toussaint s'allia aux Espagnols occupant alors la partie « est » de l'île et devint, pour leur compte, maréchal de camp, en 1793. Mais par la suite la Convention vota **l'abolition de l'esclavage** dans les colonies françaises. Il mit alors son talent à disposition de la République contre les Espagnols. Chef de brigade en mai 1795, il s'empara du Cap, en mars 1796. Général de division en 1796, Toussaint se rendit progressivement maître de l'île en chassant les Espagnols. Il prit alors le titre de gouverneur général de l'île et publia une constitution locale qui le faisait président à vie. Désireux de briser son pouvoir, Bonaparte confia au général Leclerc le soin de rétablir l'ordre dans l'île. Battu, puis trahi par ses officiers, Toussaint fit d'abord sa soumission puis se retira. Il préparait une nouvelle révolte quand il fut appréhendé suite à une trahison de son camp. Déporté en France, il mourut au fort de Joux, en avril 1803. Malgré sa disparition, les luttes locales se poursuivirent jusqu'à l'indépendance de l'île, proclamée le 1er janvier 1804 par son ancien lieutenant Jean-Jacques Dessalines.

Personnalités diverses

Philippe Égalité (1747-1793)

Louis-Philippe d'Orléans était de sang royal. Il descendait directement de Philippe de France, le frère cadet de Louis XIV, qui ouvrit la branche des « Orléans ». Jusqu'à la Révolution, Louis-Philippe d'Orléans, l'un des hommes les plus riches de France, ne se signala que par ses dépenses folles et son goût pour le jeu et les femmes. Peu apprécié de la cour et notamment de Marie-Antoinette, Louis d'Orléans pensa que les évènements qui se présentèrent, à partir de 1789, constituaient, peut être, une opportunité d'être régent, voire roi. On le soupçonna fortement d'avoir favorisé la marche des femmes sur Versailles, en octobre 1789. Dès 1791, il joua la carte des Montagnards et des Jacobins. Lorsqu'il fut élu à la Convention, ne pouvant siéger sous son titre nobiliaire, la Commune le baptisa « Philippe Égalité ». Ce fut sous ce nom qu'il vota, en janvier 1793, la mort de son cousin Louis XVI, à la stupéfaction des cours européennes, des émigrés et même, dit-on, de **Robespierre**. Pour autant, deux évènements contribuèrent à le faire chuter. D'une part, la trahison du général **Dumouriez** passé à l'ennemi autrichien avec le duc de Chartres, propre fils de Philippe Égalité, et, d'autre part, **l'élimination au sein de la Convention de ses amis Girondins** par les Montagnards. Arrêté en avril 1793, Philippe Égalité fut condamné puis guillotiné en novembre 1793, dans le cadre de la Terreur.

Personnalités diverses

Olympe de Gouges (1748-1793)

Marie Gouze, dite Marie Olympe de Gouges, fut une femme de lettres devenue femme politique et polémiste. De nos jours, on la considère comme la probable pionnière du féminisme. Après s'être mariée, Olympe de Gouges s'installa à Paris et y découvrit l'art du théâtre. Elle fréquenta alors, assidûment les écrivains et intellectuels gravitant autour du duc d'Orléans. Elle se mit alors à écrire de nombreuses pièces de théâtre et des romans fleurants bons les sentiments compassionnels à la mode. En 1786, elle écrivit une suite au « Mariage de Figaro » dans laquelle elle dénonçait le mariage forcé des filles, en plaidant déjà pour l'émancipation féminine. En 1788, résolûment hostile a l'esclavage, elle écrivit un livre de référence qui lui valut d'être accueillie par les abolitionnistes dans la « Société des Amis des Noirs ». Passionnée par la Révolution française qui agitait Paris, Olympe rédigea, sur le modèle de ce qui avait été voté pour les hommes, en août 1789, une Déclaration des droits de la femme et de la citoyenne, en septembre 1791. Politiquement, elle était restée favorable à une monarchie constitutionnelle, à l'anglaise. Non éligible, elle milita au club des Jacobins. Elle y dénonçait sans répit la peine de mort et revendiqua le droit de vote sans distinction de sexe. Hostile à la Terreur et proche des Girondins, elle fut arrêtée sur ordre de **Robespierre** et guillotinée, en novembre 1793. « *Enfants de la Patrie, vous vengerez ma mort !* » lança-t-elle avant de mourir.

Personnalités diverses

Jacques David (1748-1825)

David occupe dans l'histoire de l'art français une place prépondérante liée à l'influence certaine qu'il exerça durant toute la première moitié du XlXe siècle. Mais à la veille de la Révolution, David était déjà un peintre à la mode, fréquentant les salons du **duc d'Orléans**. Bien que n'ayant strictement aucune conviction politique, la Révolution entraîna chez lui un enthousiasme « républicain » auquel l'on doit son beau dessin du « serment du Jeu de paume ». Mais son exaltation politique l'égara souvent. Nommé brièvement au **Comité de sûreté générale**, il se fit un devoir de dénoncer les « ennemis » de la Révolution et de préférence d'autres artistes concurrents gênants. Se plaçant systématiquement derrière **Robespierre**, le **9 thermidor** le laissa désemparé. Arrêté à deux reprises, il passa sept mois à la prison du Luxembourg. Nommé membre de l'Institut par le Directoire, il y connut le général Bonaparte. Lorsque Napoléon fut sacré empereur, il nomma David - spécialiste des fresques et du grandiose - son premier peintre. Il lui confia le soin d'exécuter son portrait et de reproduire divers épisodes de son règne, dont le célèbre sacre. En bref, David a voulu mettre la peinture au service de son époque, mais en même temps, il restait admiratif de l'art antique et romain. Il en résulte des oeuvres, d'une beauté plutôt froide, côtoyant, plus rarement, des oeuvres saisissantes comme « *Marat assassiné* »

Personnalités diverses

André Chénier (1762-1794)

André Marie de Chénier fut un poète et journaliste français mort à 31 ans seulement. Sa poésie englobait des réécritures de poèmes antiques, certaines élégies personnelles, quelques poèmes philosophiques et des textes politiques marqués par le contexte révolutionnaire. L'œuvre (forcément inachevée) de ce jeune poète du XVIIIe siècle fit de lui une figure majeure de l'hellénisme en France et un inspirateur du romantisme.
Puis vint la période révolutionnaire. Il entra dans l'arène politique avec ferveur et espoir. Héritier des Lumières, Chénier fut d'abord membre du Parti constitutionnel, admirant les débuts renversant de la Révolution, détestant les royalistes mais désapprouvant tout excès. Dès lors, assez vite, il s'en prit à **Marat** dont il détestait les appels permanents à l'insurrection et au meurtre. Membre du club des Feuillants, en 1791, il s'engagea à fond dans la lutte contre le club des Jacobins auquel pourtant son jeune frère appartenait. Assez rapidement inscrit sur la liste des suspects, après les massacres de septembre 1792, il fut condamné, début mars 1794. Chénier n'eut pas de chance. Il fut exécuté le 7 thermidor soit deux jours avant que ne tombe, à son tour, la tête de **Robespierre**.
Son œuvre poétique, essentiellement manuscrite à sa mort, ne fut publiée progressivement qu'à partir de 1819.

Personnalités diverses

Jean Cottereau (1767-1794)

Jean Cottereau était issu d'une descendance bretonne. Dans les années 1780, il pratiquait « en famille » la contrebande du sel. Très actif, doté d'une forte personnalité, il fut surnommé Jean « Chouan » en raison de ses imitations du « chat huant » prévenant de la présence de « gabelous » chargés de lutter contre la contrebande. Par la suite, après quelques démêlés avec la justice, Jean Chouan et sa famille s'engagèrent dans l'armée royale contre les « bleus » républicains. Ils les combattirent, dès août 1792, et leurs exploits, restés célèbres dans le Maine et la région de Laval, furent si intenses et nombreux qu'on les qualifia rapidement de « chouannerie ». Un qualificatif passé à postérité. Cette résistance locale s'acheva en 1794, date à laquelle, Chouan et les siens furent soit capturés et guillotinés, soit morts au combat. Mais concernant ce mouvement, déclenché par Cottereau et ses frères, sa réduction fut bien plus longue que celui des Vendéens. Bien distincte de la guerre de Vendée avec laquelle on la confond souvent, la chouannerie se situait dans le Maine et la Bretagne. Par ailleurs, il n'y eut pas de chouannerie militaire. La révolte mobilisait de petites et nombreuses bandes paysannes, presque insaisissables, en raison de la connaissance aiguë des lieux et de l'aide permanente de la population locale. La chouannerie fut donc assez difficile à éradiquer, ses effectifs n'ayant pas été décimés dans de grandes batailles. En automne 1799, le mouvement eut un regain de vigueur et s'empara même quelques jours du Mans. Bonaparte finit par obtenir la paix en accordant diverses mesures d'apaisement.

II) LES GUERRES
(et autres conflits intérieurs)

Contre la Première coalition

Les forces en présence (1792-1795)

Par la volonté des Girondins qui voulaient « libérer » l'Europe de la tyrannie monarchique, la France déclara la guerre, en avril 1792, au seul « roi de Bohême-Hongrie » (l'Autriche) une subtilité sémantique permettant d'éviter d'entraîner le Saint-Empire romain germanique dans le conflit.
De fait, dans un premier temps, les autres puissances européennes, sauf la Prusse qui soutenait l'Autriche, ne bougèrent pas. Ce n'est qu'après l'occupation de la Belgique et d'Anvers que l'Angleterre réagit. Fin janvier 1793, la Convention déclara la guerre à la fois au roi d'Angleterre et au stathouder (gouverneur général) de Hollande. Sous l'impulsion du Premier ministre anglais, William Pitt, une première coalition se forma contre la France. Autour de l'Autriche et de la Prusse se coalisèrent les Provinces-Unies, le Saint-Empire, le Piémont-Sardaigne, le royaume de Naples l'Espagne et le royaume du Portugal. Après des débuts difficiles du fait de la désorganisation des armées françaises (de nombreux officiers ayant émigré) ces dernières, grâce notamment aux exceptionnelles capacités organisationnelles de **Carnot**, vinrent à bout de cette première grande coalition européenne. En 1795, quelques traités de paix, signés jusqu'en 1797, la désagrégèrent régulièrement. Le dernier de ces traités – la paix de Campo-Formio – fut signé sous le Directoire, en octobre 1797, après les victoires de Bonaparte. À cette date, l'Angleterre restait le seul pays en guerre contre la France. Une vieille habitude…

Contre la Première coalition

Jemappes (1792)

La bataille de Jemappes se déroula le 6 novembre 1792, près de Mons, en Belgique. Elle mit aux prises l'Autriche, commandée par le duc Albert de Saxe-Teschen et la France dirigée par le général **Dumouriez**.

L'état-major autrichien avait disposé ses troupes (14 000 soldats) le long de la frontière. Comme les fortifications de Mons n'étaient pas dans un bon état, Saxe-Teschen préféra s'installer sur une ligne de hauteur passant par le village de Jemappes. Installés autour de six redoutes, les Autrichiens attendirent ainsi l'assaut ennemi. L'armée révolutionnaire française, de son côté, était forte de 40 000 soldats mi-expérimentés, mi novices.

Après un duel d'artillerie peu efficace, **Dumouriez** attaqua de front, mais ne put enfoncer les lignes autrichiennes. Sur sa droite, le général d'Harville, à la tête de 10 000 hommes – des volontaires – n'ayant jamais vu le feu, n'osa pas attaquer sur le flanc autrichien. Ce fut finalement le général Ferrand de la Caussade qui, avec ses six bataillons, bouscula et désorganisa l'ennemi, qu'il enfonça sur l'extrême gauche. Les Autrichiens se replièrent, mais les Français, épuisés, ne purent les poursuivre.

Après la canonnade victorieuse de Valmy, cette victoire, pourtant loin d'être un chef-d'œuvre de stratégie et de tactique, eut de nouveau un immense impact. Elle permit (provisoirement) la libération ou l'occupation, selon les points de vue, des Pays-Bas autrichiens (la Belgique actuelle).

Contre la Première coalition

Neerwinden (1793)

La bataille de Neerwinden eut lieu, le 18 mars 1793, près du village de Neerwinden (en Belgique actuelle), entre l'armée impériale (39 000 hommes) sous les ordres du prince de Cobourg et l'armée française (45 000) commandée par le général **Dumouriez**. Cette bataille marqua la fin de sa tentative de déborder les Pays-Bas méridionaux. Dans le détail, les impériaux, sous les ordres de Cobourg, qui marchaient depuis Maastricht vers Bruxelles, rencontrèrent le 15 mars 1793, l'avant-garde de l'armée française ayant pris position entre Neerwinden et Neerlanden. Le 18 mars, après une petite escarmouche, Cobourg se replia afin de réorganiser son armée. De ce fait, il réussit à parer la tentative d'encerclement menée par les Français. Dès lors, **Dumouriez** fut contraint de combattre sur plusieurs fronts en même temps. L'enthousiasme et l'entrain des Français compensèrent initialement leur manque de formation ainsi que leur indiscipline. Mais ils ne purent, malgré tout, rien faire contre les troupes de l'armée impériale, aguerries et connaissant davantage les techniques de combat à découvert. Les troupes de l'armée révolutionnaire durent se retirer de Belgique. Ce piteux échec marqua le signal d'une recomposition de l'armée. Une défaite qui démontrait également la difficulté au XVIIIe siècle, pour des troupes mal préparées, de s'opposer efficacement à des militaires professionnels. Mais la lutte française contre la Ière coalition européenne était cependant loin d'être achevée. Les armées républicaines françaises, réorganisées en permanence par **Carnot**, n'avaient pas dit leur dernier mot.

Contre la Première coalition

Hondschoote (1793)

Après que les Français eurent été chassés de Belgique, en mars 1793 (défaite de **Neerwinden**), les troupes coalisées avaient envahi le nord de la France. Les Anglais faisaient alors le siège de Dunkerque tandis que les Hanovriens, commandés par le maréchal von Freytag, occupaient la ville clé d'Hondschoote. À Dunkerque, le général Souham, secondé par **Hoche**, résistait vaillamment au siège mené par les troupes britanniques de Frederick d'York.
Ce fut dans ce contexte que le général en chef des armées de la République, **Lazare Carnot**, demanda au général Houchard, secondé par **Jourdan,** de libérer Hondschoote afin de casser le siège de Dunkerque.
La bataille dura trois jours et fut assez confuse. Le 6 septembre, à la tête d'une armée de 40 000 hommes, Houchard marcha sur Rexpoëde, Bambecque, Oost-Cappel. Le 8 septembre, après un assaut à la baïonnette des gendarmes à pied de Paris, il finit par prendre Hondschoote. Cette victoire fut capitale pour la France, car après que cette citadelle soit tombée, le duc d'York leva précipitamment le siège de Dunkerque pour se réfugier à Furnes.
Malheureusement, après avoir pris Menin, Houchard décida une retraite inattendue qui se transforma en déroute le 13 septembre 1793. Destitué au profit de **Jourdan**, par le ministre de la Guerre Bouchotte, Houchard fut arrêté à son camp le 23 septembre. Traduit devant le **Tribunal révolutionnaire** il fut condamné à mort et guillotiné le 16 novembre 1793. Il ne faisait pas bon d'être un piètre général à cette époque !

Contre la Première coalition

Wattignies (1793)

Le 23 septembre 1793, les Autrichiens sous les ordres de Frédéric de Saxe-Cobourg s'étaient regroupés à Mons en vue de prendre Maubeuge, défendu par 20 000 patriotes sous les ordres de l'officier Chancel et de son supérieur, le général Ferrand. Pour débloquer cette citadelle majeure, les généraux **Jourdan**, **Kléber** et **Marceau** firent leur jonction à Guise, le 8 octobre. Une semaine plus tard, une partie de l'armée autrichienne retranchée dans le village de Dourlers essuya la première attaque française. Celle-ci se solda par un échec. **Jourdan** décida alors de contourner l'ennemi. C'est ainsi que le lendemain matin, à la faveur du brouillard qui cachait ses déplacements, il surprit les Autrichiens retranchés à Wattignies (aujourd'hui Wattignies-la-victoire, au sud de Maubeuge). Pendant ce temps, Chancel proposa à Ferrand une sortie pour enfoncer les Autrichiens. Mais ce dernier refusa, arguant que la place de Maubeuge ne pouvait rester vide. L'issue de la bataille était alors encore incertaine, mais finit par tourner à l'avantage des Français. Conscient de son erreur, Ferrand se déchargea de sa responsabilité sur Chancel. Quant aux Autrichiens, ils se débandèrent, abandonnant au passage le siège de Maubeuge. Pour les Français, le succès de Wattignies ne fut qu'un répit avant que l'ennemi ne repasse la Sambre. L'ultime offensive autrichienne se dénoua à **Fleurus** l'année suivante, une fois de plus sous le commandement de **Jourdan**. Quant à Chancel, pourtant trahi par le général Ferrand, il fut guillotiné en mars 1794.

Contre la Première coalition

Wissembourg (1793)

À la suite de la victoire de l'armée de la Moselle à la bataille de Wœrth-Frœschwiller le 22 décembre, le général **Hoche** obtint le 25 décembre 1793, le commandement des armées du Rhin et de la Moselle au détriment de Jean-Charles **Pichegru**. La bataille de Wissembourg se déroula du 26 au 29 décembre 1793 et opposa une armée française, sous le commandement de **Hoche**, aux armées de la première coalition. L'enjeu consistait pour la France à débloquer la ville clé de Landau occupée par les forces austro-prussiennes. Cette bataille fut également connue sous le nom de bataille du Geisberg, du nom du plateau du même nom, à proximité immédiate de Wissembourg, sur lequel les coalisés avaient pris position. Le 26 décembre 1793, ces derniers aux ordres de Sigmund Von Wurmser et de Charles-Guillaume de Brunswick se regroupèrent et décidèrent de repasser la Lauter (petite rivière traversant Wissembourg). Une bataille de rencontre, imprévue et spectaculaire, eut alors lieu. Mais **Hoche** avait déjà anticipé de faire mouvement vers Wissembourg. Il pouvait prendre l'offensive, étant très bien informé par son service de renseignements. Les péripéties de cette bataille furent ensuite nombreuses et compliquées. Mais au soir du 26, les Autrichiens et les émigrés de Condé devaient faire retraite vers Germersheim où ils repassèrent le Rhin. Brunswick se replia de son côté vers Mayence en rendant Wurmser responsable de la débâcle. Landau étant débloqué, le siège fut donc levé. Cette belle victoire permit à l'armée révolutionnaire française de dégager toute l'Alsace.

Contre la Première coalition

Toulon (1793)

À cette époque, Toulon était le quartier général de la flotte française de la Méditerranée. En Juillet 1793, **une révolte « fédéraliste »** gagna le port de Toulon et chassa la municipalité jacobine en place. En juillet 1793, sur place, le club des Jacobins fut fermé et l'on pendit 24 de ses membres. Deux représentants en mission furent également arrêtés. Fin août 1793, menacés par deux armées de la Convention, les Fédéralistes allèrent encore plus loin en arborant le drapeau blanc royaliste, tout en livrant la rade de Toulon aux navires anglais. En réaction à cette sédition le **Comité de salut public** fit descendre des troupes dans le sud de la France pour reprendre (notamment) Toulon.
Seul un siège adroitement mené pouvait réussir à débloquer la situation. Le général **Dugommier** remarqua rapidement les qualités tactiques d'un jeune capitaine d'infanterie, Napoléon Bonaparte. En décembre 93 ce dernier s'empara successivement de deux forts clés (Mulgrave et l'Eguilette) avant de faire bombarder intensément les escadres anglaises, obligées de fuir la rade et de laisser Toulon aux mains des Jacobins. Une terrible répression menée par les représentants de la Convention, **Fréron** et Barras, s'ensuivit. 800 personnes furent fusillées sans jugement. Et **Fréron** fut interrompu (de justesse) dans sa volonté de raser Toulon ! Quant au jeune Bonaparte, ses exploits lui valurent d'être déjà nommé général de brigade, à 24 ans seulement.

Contre la Première coalition

Guerre du Roussillon (1794)

Jusqu'en janvier 1793, **date de l'exécution de Louis XVI**, un « pacte de famille », datant de 1733, était en place entre l'Espagne et la France. Ce pacte actait que désormais une seule branche monarchique (les Bourbons) régnait sur ces deux pays. En mars 1793, la Convention mit fin à cette alliance. L'Espagne déclara la guerre à la France le mois suivant, embrasant la dernière frontière en paix de la République. L'armée espagnole, bien préparée et aguerrie, sous le commandement du général Antonio Ricardos, bouscula l'armée des Pyrénées-Orientales, composée de nouvelles recrues ne pouvant opposer qu'une faible résistance. L'armée espagnole envahit alors le Roussillon avec environ 25 000 hommes et une centaine de pièces d'artillerie, en passant par Saint-Laurent-de-Cerdans. Elle se rendit maître du Perthus, de la vallée du Tech et s'approcha de Perpignan par le sud. Cependant, la bataille de Peyrestortes marqua l'arrêt des attaques contre la citadelle de Perpignan et la fin de la progression espagnole en Roussillon. La contre-offensive française conduite, en 1794 par le général **Dugommier** réussit, après quelques avatars, à chasser les Espagnols du Roussillon en mai, après la bataille du Boulou. Ce fut ensuite au tour des armées républicaines d'envahir la Catalogne. Battus aux batailles de la Muga et de la Sierra Negra, menacés par une nouvelle offensive française en 1795, les Espagnols furent sauvés par la conclusion du **traité de Bâle** en 1795. Le général **Dugommier** mourut sur le champ de bataille, en novembre 1794.

Contre la Première coalition

Fleurus (1794)

Depuis la défaite de **Neerwinden**, en mars 1793, certains pays membres de la première coalition (Royaume-Uni, Autriche et Hanovre) tenaient la **Belgique**. La jeune République française se montrait fragile au nord et la reconquête de la région s'avérait donc nécessaire. L'offensive républicaine, commandée par le général **Jean-Baptiste Jourdan**, débuta au printemps 1794. Après six tentatives infructueuses pour passer la Sambre, près de Charleroi, **Jourdan** s'empara de cette ville au bout d'une semaine de siège.

Le 26 juin, Cobourg, à la tête de 70 000 austro hollandais, contre-attaqua contre les 80 000 hommes de **Jourdan**, rangés en demi-cercle sur les hauteurs de Fleurus. La bataille fut acharnée et longtemps indécise, coûtant environ 5 000 vies de chaque côté. Après 16 heures de combats difficiles, les Autrichiens s'avouèrent vaincus. Cobourg céda et se replia, abandonnant la Belgique aux armées de la Révolution, ce qui découragea les autres coalisés.

Ce fut au cours de cette bataille que fut utilisé pour la première fois comme observatoire militaire un ballon captif qui renseigna **Jourdan** sur les mouvements des troupes ennemies.

Le 29 juin, ce dernier fut mis à la tête de l'Armée de Sambre et Meuse, une armée composée à partir des armées du Nord, des Ardennes et de la Moselle, qui deviendra par la suite la plus célèbre des armées de la Révolution. Ce fut notamment à la tête de celle-ci que **Jourdan** chassa les Autrichiens de Bruxelles et d'Anvers, quelques jours plus tard, les 10 et 27 juillet 1794.

Contre la Première coalition

Occupation de la Hollande (1795)

Bien que les Provinces-Unies fassent partie de la coalition anti-française, les armées sous les ordres de **Carnot** n'envahirent pas la **Hollande** avant l'hiver 1794. Elles profitèrent ainsi du grand froid qui avait gelé les voies d'eau du pays et notamment le Waal. Le général **Pichegru,** qui avait remplacé **Jourdan** à la tête de l'Armée du Nord, avait déjà mené une très belle campagne en Flandre, puis était entré à Utrecht et à Amsterdam, le 20 janvier 1795. Le stathouder Guillaume V dut alors s'enfuir en Angleterre. **Pichegru** conclut sa campagne par la capture de la flotte hollandaise lorsqu'il envoya sur le Zuyderzée un escadron de hussards charger la flotte hollandaise, prise par les glaces. En février 1795, **Pichegru** entra enfin à Groningue, dans le nord des Pays-Bas. L'ensemble du pays était alors occupé et la République batave fut proclamée d'autorité par les Français. Suite au traité de **La Haye**, signé en mai 1795, cette nouvelle république dut entretenir sur place une armée française de 25 000 hommes. Par la suite, la France imposa aux Hollandais la mise en place d'une Assemblée nationale batave, élue au suffrage indirect. On pouvait y distinguer deux tendances : un courant fédéraliste et un courant unitariste. Naturellement, les Français appuyèrent les unitaristes jacobins et imposèrent aux élus un serment de haine contre le stathoudérat, la noblesse et le fédéralisme. Après être devenus un royaume de 1806 à 1810, à l'époque napoléonienne, les Pays-Bas regagnèrent leur indépendance à la chute de l'Empire, en 1814.

Contre la Première coalition

Annexion de la Belgique (1795)

Après la victoire de **Fleurus,** de longs débats eurent lieu à la Convention pour décider du sort des Pays-Bas autrichiens (la Belgique actuelle) désormais occupés par la France. La Convention craignait qu'une république belge séparée, comme la République batave, ne soit trop faible pour résister aux Anglais et aux Autrichiens et qu'elle ne (re)devienne un État tampon entre la République française et ses ennemis traditionnels. Malgré l'hostilité des populations locales, la Convention vota finalement l'annexion pure et simple de la Belgique, le 1er octobre 1795. En créant au passage neuf départements belges : la Dyle, les Deux-Nèthes, l'Escaut, les Forêts, le Jemappes, la Lys, l'Ourte, la Meuse-Inférieure et la Sambre-et-Meuse. Cette annexion fut confirmée ensuite par le traité de Campo-Formio, d'octobre 1797, par lequel l'Autriche cédait officiellement les Pays-Bas autrichiens à la France, puis par le traité de Lunéville, en 1801. La Belgique fut française jusqu'en 1815. Le pays fut unifié administrativement, et la division en départements, cadre des futures provinces belges de 1830, acheva de détruire les autonomies provinciales et le régime féodal. Les principes révolutionnaires (liberté individuelle, égalité de tous devant la loi…) et le Code civil napoléonien y furent également introduits. Napoléon rétablit la paix civile et religieuse, qui avait été compromise par les persécutions de la Convention et du Directoire. Sous occupation française, le pays retrouva une certaine prospérité économique, mais la conscription obligatoire rendit le gouvernement français impopulaire.

Guerres de Vendée

Insurrection générale (1793)

Le 10 mars 1793, pour faire face aux menaces de plus en plus précises des armées européennes coalisées contre la France révolutionnaire, la Convention recourut à une première levée en masse autoritaire de 300 000 hommes. Dès le lendemain se soulevèrent les paysans vendéens qui ne supportaient pas qu'on leur demande de verser leur sang pour une cause qui n'était pas la leur. Après le vote de la constitution civile du clergé, en juillet 1790, refusé également, l'**exécution** du roi les avait choqués. En Vendée, une majorité de curés réfractaires ne s'était pas assermentée. Naturellement, les paysans s'adressèrent à des chefs locaux expérimentés, des militaires, la plupart du temps de petite ou de moyenne noblesse. Ces derniers, réticents au début, ne purent s'empêcher de croire qu'ils pourraient arriver à tenir en échec les « bleus » des armées révolutionnaires. Et de fait, se trouvant sur place, connaissant les lieux, aidés par les populations locales, de nombreuses armées vendéennes s'organisèrent. Enhardie, une Vendée « militaire » rassembla ces différentes composantes et prit le nom d'« Armée catholique et royale ». Cette armée « blanche » obtint de nombreux succès entre mars et octobre 1793, mais des succès en trompe-l'œil car surtout locaux. Fin octobre 1793, les défaites commencèrent à s'accumuler pour les « blancs » et ce fut par la suite une énorme « boucherie » tant certains généraux envoyés de Paris furent cruels et sans pitié. Une étude d'un professeur d'histoire moderne, madame Rolland-Boulestreau, fait état de chiffres impressionnants.

Guerres de Vendée

Cholet (1793)

Après une progression foudroyante de ville en ville, l'armée « catholique et royale » remporta à Châtillon, le 11 octobre 1793, une nouvelle victoire. Mais ce fut la dernière. Depuis mai 1793, Cholet était le quartier général de l'insurrection vendéenne. Les républicains décidèrent d'en finir. Ce point névralgique fut donc l'objet d'une bataille d'envergure entre les « bleus » (soldats révolutionnaires) et la Vendée militaire. Cette célèbre bataille commença le 17 octobre 1793 et se termina deux jours plus tard.
Les soldats de **Kléber** comptaient environ 22 000 soldats aguerris tandis que les Vendéens» pouvaient compter sur environ 25 000 volontaires dont ce n'était naturellement pas le métier. Davantage disciplinés, les républicains scindèrent leur armée en trois et parvinrent à cerner et à isoler les troupes adverses. Sous le commandement malheureux du généralissime **d'Elbée**, aidé d'autres chefs vendéens (**Bonchamps, La Rochejaquelein** et **Lescure**), l'armée catholique et royale ne parvint jamais à rompre cet encerclement. La suite fut une débandade. **D'Elbée** dut se réfugier en catastrophe à Noirmoutier où il sera plus tard capturé et fusillé dans son fauteuil. Dans la bataille, ses adjoints, **Bonchamps** et **Lescure** furent également blessés à mort. Les rescapés refluèrent vers la Loire en désordre. Dans ce combat épique, les « blancs » avaient réussi initialement à capturer 5 000 prisonniers « bleus ». Au moment de mourir, **Charles de Bonchamps** demanda la grâce des prisonniers. Respectueux de son dernier vœu, les Vendéens libérèrent les républicains….

Guerres de Vendée

Virée de Galerne (1793)

La « Virée de Galerne » fut une campagne militaire de la guerre de Vendée qui se déroula dans le Maine, en Bretagne, en Normandie et en Anjou. L'expédition fut lancée par l'Armée catholique et royale après sa défaite à **Cholet,** en octobre 1793. Acculés sur les bords de la Loire par les forces républicaines, les Vendéens franchirent le fleuve avec des milliers de blessés, de femmes et d'enfants. Ne rencontrant que de faibles résistances, ils s'emparèrent ensuite de Laval, fin octobre. Après plusieurs victoires faciles, les Vendéens se rendirent à Granville, sur les côtes normandes, dans l'espoir de voir débarquer des renforts de la part des Britanniques et des émigrés. Mais le siège entrepris du Mans fut un échec et l'armée vendéenne subit une lourde défaite à la mi-décembre, avant d'être anéantie à Savenay, le 23 décembre 1793. Les combats, les maladies et les massacres récurrents causèrent la mort de dizaines de milliers de Vendéens. Le général bleu **Westermann** ne s'y trompa point, en déclarant : « *Il n'y a plus de Vendée. Elle est morte sous notre sabre libre, avec ses femmes et ses enfants. Je viens de l'enterrer dans les marais et les bois de Savenay. Suivant les ordres que vous m'aviez donnés, j'ai écrasé les enfants sous les sabots des chevaux, massacré les femmes qui, au moins pour celles-là, n'enfanteront plus de brigands. Je n'ai pas un prisonnier à me reprocher. J'ai tout exterminé* » Mais la « Virée de Galerne » fut également à l'origine de la chouannerie. Plusieurs insurgés locaux ayant rallié les Vendéens pendant l'expédition poursuivirent ensuite la guérilla au nord de la Loire.

Guerres de Vendée

Quiberon (1795)

Ce fut dans la presqu'île de Quiberon, dans le Morbihan, qu'une petite armée d'émigrés, environ trois mille hommes, commandés par Joseph de Puisaye et Louis-Charles d'Hervilly fut débarquée par des navires britanniques, le 27 juin 1795. Cette opération avait pour but de faciliter le soulèvement de tout l'ouest de la France afin de mettre fin à la mainmise des révolutionnaires français dans cette partie du territoire. Le débarquement lui-même s'opéra sans difficulté, mais des questions de préséance dans le commandement de l'expédition firent perdre un temps précieux à celle-ci. Ces atermoiements facilitèrent le rassemblement de l'armée républicaine, sous les ordres de **Lazare Hoche**, un jeune général qui proscrivait sévèrement les pillages et les vengeances. **Hoch**e ordonnait également à ses troupes de s'en tenir au **traité de la Jaunaye** concernant la liberté religieuse. Au début, la jonction entre les émigrés royalistes et quelques bandes chouannes se fit comme prévu, mais aucune opération d'ensemble ne fut entreprise assez vite pour inquiéter l'armée républicaine. La petite armée royaliste se trouva rapidement isolée grâce à une habile et rapide manœuvre de **Hoche** dans la presqu'île dont il ferma l'extrémité avec ses dix mille soldats. Malgré de furieux assauts, les coalisés chouans et royalistes ne purent rompre l'encerclement. Forcés de capituler le 22 juillet 1795, les émigrés obtinrent l'assurance par **Hoche** qu'ils auraient la vie sauve. Malgré cette promesse, le **Comité de salut public** en fit fusiller 748. Cet échec porta à la fois un coup funeste au Parti royaliste et aux terribles guerres de Vendée.

Conflits intérieurs

Exécution de Louis XVI (Janvier 1793)

Le procès de Louis XVI, devenu Louis Capet en la circonstance, dura du 10 au 26 décembre 1792. S'il bénéficia d'un avocat (Malesherbes) aucun témoin de la défense ne fut entendu. L'ex-roi, déchu de ses fonctions, depuis le 10 août 1792, et retenu prisonnier au Temple, fut accusé de 34 faits considérés comme des actes de trahison et de conspiration contre l'État. À la fin du procès, quatre questions furent posées aux conventionnels devant s'engager publiquement (le vote dura 36 heures !) le roi est-il coupable ? la réponse fut oui. Devait-on soumettre le verdict au vote du peuple ? la réponse fut non. Quelle peine devait subir l'accusé ? la réponse fut la peine de mort (à une courte majorité). Pouvait-on accorder un sursis pour l'exécution de cette sentence ? la réponse fut non. Le 21 janvier 1793, l'ex-roi de France fut conduit place de la Révolution. Louis XVI apparut alors calme, accompagné de son confesseur. Le condamné ne fit aucune difficulté et se résigna à garder les mains liées. Cependant, il surprit la foule, ses juges et ses bourreaux, lorsqu'il s'avança pour déclarer : « *Je meurs innocent de tous les crimes qu'on m'impute. Je pardonne aux auteurs de ma mort. Je prie Dieu que le sang que vous allez répandre ne retombe jamais sur la France…* » Le général Santerre pressa alors l'exécution. La tête de l'ex roi fut présentée au peuple, tandis que retentirent des salves d'artillerie. La mise à mort de Louis XVI provoqua une immense émotion dans les cours européennes et fut à l'origine de la formation d'une première coalition européenne contre la jeune république.

Conflits intérieurs

Chute des Girondins (Juin 1793)

La déchéance de 29 députés girondins, prononcée par la Convention, le 2 juin 1793, fut la conséquence d'un putsch. À l'époque, l'opposition systématique entre Girondins fédéralistes et Montagnards jacobins exacerbait les tensions entre ces deux factions rivales. Mais à la différence de leurs opposants, les Montagnards pouvaient compter sur une milice parisienne – la garde nationale – commandée par l'un des leurs, **François Hanriot**, un patriote violent qui intimidait l'immense majorité des députés du « marais ». Une première tentative de mise en accusation des Girondins fut demandée, le 31 mai, mais les députés modérés ne suivirent pas cette demande. Les Montagnards recommencèrent le 2 juin, mais cette fois-ci plus aucun député modéré ne pouvait sortir de l'Assemblée. La garde nationale, avec ses canons, ayant encerclé la Convention, la déchéance des Girondins et leur arrestation fut donc votée dans des conditions ne faisant pas honneur à la démocratie. Les députés girondins non présents ce jour-là se cachèrent ou s'enfuirent en province. Ils tentèrent également, sans grand succès, de soulever certaines régions comme la Normandie, le Sud-Ouest et la vallée du Rhône. Dans certains cas, comme à Marseille ou à Lyon ils n'hésitèrent pas à s'allier à des « rebelles » royalistes. Certains députés se suicidèrent en prison ou ailleurs (**Condorcet, Roland, Pétion…**). En tout, 29 députés furent arrêtés. Jugés par **le Tribunal révolutionnaire**, ils furent guillotinés, fin octobre 1793. **Madame Roland,** leur égérie, fut elle-même guillotinée le 10 novembre 1793.

Conflits intérieurs

Révoltes fédéralistes (Juin 1793)

Après la défaite des Girondins dans leur lutte contre les Montagnards, certains historiographes parlèrent de révoltes fédéralistes pour qualifier les soulèvements qui eurent lieu un peu partout en France. S'il est vrai que depuis 1789, en province, des pouvoirs bourgeois avaient éprouvé le besoin d'affirmer leur appartenance à une communauté tout ceci n'avait rien à voir avec l'envie de faire sécession de la République. Les violentes réactions observées en province, durant quelques mois, furent donc moins sociales que géographiques. C'était plutôt l'expression d'une lassitude de la dictature parisienne sur la province. Sous cette réserve préalable, « l'insurrection fédéraliste » engloba soixante départements. Ses causes varièrent selon les régions et dépassèrent d'ailleurs la simple réaction girondine : désir d'autonomie pour certains (Corse), mécontentement économique et peur du « maratisme » pour d'autres. Sentiments royalistes exacerbés et liens avec l'étranger se mêlèrent dans ce mouvement complexe. Le danger fut jugé, par exemple, très sérieux à Caen. Les Girondins avaient réussi à lever une armée de 4 000 hommes, destinée à marcher sur Paris. Paoli livra la Corse aux Anglais, Montauban se souleva, **Toulon** passa à l'ennemi, les Vendéens traversèrent la Loire et se présentèrent devant Nantes... L'instauration d'un gouvernement révolutionnaire fondé sur la politique de la Terreur (et surtout sur la fidélité des soldats à encadrer cette politique) fut la réponse des Montagnards. Elle fut sans merci...

Conflits intérieurs

Émeute parisienne (septembre 1793)

Les 4 et 5 septembre 1793, une émeute parisienne eut lieu. Initialement, ce fut une émeute de subsistances. Le 4, en début d'après-midi, deux mille ouvriers se rassemblèrent en place de Grève et rédigèrent une pétition adressée à la Commune de Paris, réclamant que celle-ci s'occupe des moyens pour se procurer du pain. Les pétitionnaires refusèrent d'entendre les promesses habituelles du maire Pache. Bientôt les « exagérés » **Chaumette** et **Hébert** appelèrent les manifestants à un rassemblement massif, autour de la Convention. Le 5 septembre, s'enhardissant, les manifestants rédigèrent un texte réclamant l'établissement d'une armée révolutionnaire pour organiser le ravitaillement en donnant « force à la loi ». Ce texte devait être lu devant les conventionnels, en présence du « peuple » (comprendre les manifestants). Or, parallèlement, une députation du club des Jacobins, soutenue par les sections parisiennes, se présenta devant la Convention et exigea la mise à l'ordre du jour de la « Terreur ». Si les conventionnels entendirent cette injonction, préparée par **Hébert**, ils n'y mirent pas vraiment le même contenu que les pétitionnaires : ces derniers espéraient que le salut public serait incarné par l'armée révolutionnaire, alors que les conventionnels entendirent mettre en œuvre une justice impitoyable afin que le peuple « *ne soit pas tenté de se faire justice lui-même* » La « Terreur » fut donc mise à l'ordre du jour, le 5 septembre 1793, s'appuyant sur la juridiction d'exception qu'était le **Tribunal révolutionnaire** et sur la **« loi des suspects »** votée quelques jours après.

Conflits intérieurs

Massacres de Lyon (novembre 1793)

À Lyon, la Révolution avait ruiné des pans entiers de la société. Non seulement, l'industrie de luxe, notamment de la soie, s'était effondrée, mais les relations commerciales avec l'étranger avaient cessé. Et pour faire bonne mesure, une commune insurrectionnelle, menée par un certain Joseph Chalier, avait pris le pouvoir dans la ville, appliquant une véritable dictature. En mai 1793, des royalistes aux républicains modérés, les Lyonnais s'insurgèrent contre cette municipalité et guillotinèrent Chalier. En réaction, la Convention exigea le siège de la ville par des militaires sous les ordres de **Kellermann**. Ce siège dura du 14 août au 9 octobre 1793 et la répression qui s'ensuivit fut à la mesure des difficultés rencontrées. La Convention décréta que la ville serait détruite (ce qui ne fut heureusement pas fait) et envoya sur place des délégués. **Couthon** jugé trop laxiste fut remplacé par un duo resté célèbre, **Collot d'Herbois** et Fouché. La guillotine n'étant pas capable de tuer rapidement des centaines de prisonniers, une « commission militaire » en fit d'abord fusiller un certain nombre. Puis une « commission de justice populaire » en fit guillotiner des dizaines d'autres, mais comme tout ceci n'allait pas encore assez vite, on institua une « commission révolutionnaire extraordinaire » qui siégea quelques semaines. Du 4 au 17 décembre 1793, on se débarrassa des jugés coupables en les mitraillant au canon dans la plaine des Brotteaux. En tout, cette commission extraordinaire affirma qu'elle avait fait exécuter environ 1 700 condamnés.

Conflits intérieurs

Chute des factions (Mars 1794)

Début 1794, un problème apparut pour les Montagnards. Constater qu'après avoir exécuté le roi, éliminer les Girondins et gagner la guerre contre les monarchies étrangères, ils n'avaient plus d'ennemis ! Alors, une lutte de pouvoir interne s'est engagée. Le « marais » n'ayant plus qu'à compter les victimes entre le printemps et l'été 1794. Le grand maître d'œuvre de l'élimination des factions au sein de la Montagne fut **Robespierre**. Concernant celle des « enragés », il se débarrassa d'abord (en février 1794) de **Jacques Roux**, qui lui se battait ouvertement contre les bourgeois tenants le pays, à commencer par **Robespierre** lui-même. Puis en mars 1794, ce dernier s'occupa des « **hébertistes** » qui montaient en permanence la « populace » contre les accapareurs, tentant régulièrement de provoquer une insurrection populaire pour mettre à bas les conventionnels en place. Ceux-là furent éliminés à la mi-mars 1794. Mais ce n'était pas suffisant. Depuis quelque temps, une autre faction se manifestait autour principalement de **Georges Danton** et de **Desmoulins,** que l'on appelait alors « les indulgents ». Ces derniers désiraient que l'on arrête ces exécutions de masse depuis que la Patrie n'était plus en danger. Une position que ne voulait pas prendre **Robespierre**, aveuglé d'idéologie, soutenu sur sa gauche par un **Saint-Just** encore plus radical que lui. Les « indulgents » furent donc éliminés, fin mars 1794, mais au point extrême où il en était arrivé, **Robespierre** ne faisait plus confiance à personne. Il s'isola complètement et devint, tous les jours un peu plus, un accusateur dangereux pour tous le monde.

Conflits intérieurs

Conspirations des prisons (Avril 1794)

Les « conspirations des prisons » furent un procédé particulièrement insidieux et radical mis en place sous la Terreur, et inauguré après le procès des Dantonistes. Les condamnés dans toute la France, et particulièrement à Paris, étaient trop nombreux. On ne pouvait les juger rapidement. Il fallait donc techniquement « purger » les prisons qui « débordaient ». Concernant le procès de **Danton** lui-même, tribun hors norme, on utilisa ce faux-semblant pour l'empêcher de se défendre lors de son procès. Mais cette façon de faire fut étendue par la suite, de manière systématique, après le vote de la loi du 10 juin 1794, pendant la **« grande terreur »**. Étant bien compris que l'expression « conspiration des prisons » ne désignait ni une rébellion, ni une mutinerie, ni un projet secret ourdi de l'intérieur des prisons mais un plan concerté par les comités pour condamner, à grande vitesse, des prisonniers, en trop grand nombre. Certaines de ces entreprises jugées criminelles, fin 1794, n'eurent pas lieu, mais de nombreuses autres se déroulèrent dans quelques prisons de France après **le 9 Thermidor**. **Robespierre** et **Saint-Just**, contrairement à une légende thermidorienne, n'en furent donc pas responsables. Elles furent principalement l'œuvre du **Comité de sûreté générale**, en liaison avec quelques membres du **Comité de salut public**. Il est probable que **Bertrand Barère** en fut le principal instigateur. Ce fut lui qui annonça un jour à la Convention : « *le comité a pris des mesures et dans deux mois les prisons seront évacuées* »

Conflits intérieurs

Grande « Terreur » (Juin 1794)

La France révolutionnaire vivait déjà, depuis le 5 septembre 1793, sous le régime de la « Terreur ». Mais le **Comité de salut public** (noyauté par le triumvirat **Robespierre, Saint-Just** et **Couthon**) considéra que face aux multiples menaces que rencontrait encore le pays, il fallait accentuer la Terreur. **Robespierre** avait déjà précisé sa pensée, en février 1794 *« Il nous faut à la fois la vertu sans laquelle la terreur est funeste et la terreur sans laquelle la vertu est impuissante… »*. Le 11 juin 1794, les députés votèrent les textes permettant l'instauration d'une dictature impitoyable. Il n'y avait désormais plus de garantie judiciaire pour les accusés. Au total, la chasse aux suspects par les Montagnards et le **Comité de salut public** fit environ 40 000 victimes dans l'ensemble du pays, de septembre 1793 à la **chute de Robespierre**. 17 000 suspects furent guillotinées dont 2 000 à Paris, pour le seul mois de juin. En province, la « Terreur » permit des exactions innombrables. Telles les noyades collectives dans la Loire ou les mitraillages de prisonniers à Lyon. À l'intérieur, les révoltes furent étouffées, Vendée comprise, et aux frontières, la victoire de **Fleurus,** fin juin 1794, écarta le danger d'invasion. La sécurité de la France semblait donc assurée. Les députés décidèrent de se coaliser devant le régime de terreur sur lequel s'appuyaient encore **Saint-Just** et **Robespierre**. Ce dernier constituant une menace perpétuelle au-dessus des têtes de chacun. Fin juillet 1794, après sept semaines de très haute tension, une majorité de députés s'entendit pour mettre fin à la **« grande Terreur »** et éliminer **Robespierre.**

Conflits intérieurs

9 Thermidor (27 juillet 1794)
(Chute de Robespierre)

La chute de **Robespierre** le 9 Thermidor de l'an II résulta d'un ensemble de circonstances qui s'additionnèrent. Après **l'élimination des Girondins**, l'incorruptible s'est attaqué sur sa gauche aux « enragés » d'**Hébert** et sur sa droite aux « indulgents de **Danton** ». Sans pour autant résoudre les problèmes récurrents d'approvisionnement des sans-culottes parisiens. Par ailleurs, la fête boursouflée de l'**Être suprême** ne plut ni aux athées ni aux croyants. Enfin, le régime violent de la « **grande Terreur** » plaçait toute la population dans un sentiment permanent d'insécurité. **Robespierre** commit également deux grosses erreurs. D'une part, fatigué lui-même, il s'absenta pendant un mois du **Comité de salut public**, ce qui permit à ses coreligionnaires de conciliabuler. D'autre part, quand il rentra, il fit un discours très ambigu à la Convention laissant entendre qu'il fallait châtier les corrompus. Tous les « terroristes » non robespierristes (Tallien, Fouché, Barras, **Billaud-Varenne**, et bien d'autres) se sentirent directement menacés. Aussi, quand s'ouvrit la séance du 9 thermidor, le président **Collot d'Herbois** laissa-t-il ses amis interrompre, par leurs accusations, le discours de **Saint-Just**. Ainsi furent destitués le commandant de la Garde nationale, **Hanriot** et le président du **Tribunal révolutionnaire,** Dumas. La sonnette du président étouffa ensuite la voix de **Robespierre,** qui tenta en vain de prendre la parole avant d'être décrété d'arrestation. Bien que certains parisiens aient tenté par la suite de provoquer une insurrection locale pour le libérer, celle-ci ne put finalement aboutir.

Conflits intérieurs

Réactions thermidoriennes (1794-1795)

Après la **chute de Robespierre**, une nouvelle période s'installa en France. Le **Comité de salut public** se transforma en 16 comités et les lois instaurant la Terreur furent abrogées. La plupart des responsables de cette sombre période furent pourchassés, exécutés ou déportés. Ceux qui avaient mis à bas le tyran, comme Barras, Tallien et **Fréron** ne furent pas inquiétés. Une république bourgeoise et affairiste prit les commandes. Au plan religieux, la liberté des cultes fut restaurée. Au plan économique, l'édit du **Maximum**, qui fixait les prix et les salaires, fut abrogé ramenant une certaine liberté économique. À Paris, les « muscadins », appartenant à la jeunesse dorée royaliste, pourchassèrent à coup de matraques « la queue de **Robespierre** » (le reliquat des jacobins) tout en saccageant leurs lieux de réunion. Une presse antijacobine vit le jour tandis qu'une véritable « **Terreur blanche** » sévit dans le Sud-Est de la France. Les conséquences de la suppression de l'édit du **Maximum** furent catastrophiques. Inflation, chômage et famine se conjuguèrent, alors que dans le même temps, des spéculateurs faisaient fortune. Le désespoir fit place à la révolte. Au printemps 1795, plusieurs insurrections eurent lieu, mais elles furent implacablement réprimées par le pouvoir bourgeois parisien. Après l'amnistie accordée aux Vendéens, en février 1795 (**La Jaunaye**) les Thermidoriens parvinrent également à vaincre le péril royaliste, en rejetant des émigrés débarquant, en juin 1795, à **Quiberon.** La Convention se sépara, en octobre 1795, après avoir voté une nouvelle **constitution, celle de l'an III,** qui institua le Directoire.

Conflits intérieurs

Terreur blanche (Mai 1795)

La « Terreur blanche » fut le nom qui fut donné aux mouvements contre-révolutionnaires dirigés par des royalistes contre des jacobins. La **chute de Robespierre** provoqua un mouvement réactionnaire, qui n'avait pas été prévu par tous ceux qui y avaient contribué. Il y avait, en effet, des thermidoriens de gauche et d'extrême gauche qui reprochaient surtout à **Robespierre** d'avoir pensé à les décréter d'arrestation car impurs et corrompus. C'était le cas, par exemple, de **Billaud-Varenne**, de **Collot d'Herbois** et de **Vadier**. Mais les thermidoriens de gauche furent très vite débordés par d'anciens Dantonistes, des Girondins et même des Feuillants. Un grand souffle de retour de bâton passa sur la France, les prisons s'ouvrirent et se vidèrent. Au début, on se borna à réclamer la mise en liberté des prisonniers, des suspects. Mais lorsque ces derniers furent élargis, ils voulurent se venger de leur détention, venger leurs parents condamnés à mort et exécutés. On passa à un nouveau stade, celui des actes de vengeance ou de la « vendetta » C'est cette réaction qui constitua la « Terreur blanche » ; la première d'entre elles eut lieu en mai-juin 1795. Elle consista en représailles sanglantes contre ceux qui avaient soutenu la dictature de **Robespierre**. Elle fut l'œuvre d'aventuriers se recommandant du royalisme plus que des autorités constituées. La violence sévit particulièrement dans le sud-est (86 personnes furent massacrées dans les prisons de Lyon) ainsi que dans le Midi. Globalement, on admet que cette « première terreur blanche » (une seconde aura lieu en 1815) fit environ 2 000 morts.

Conflits intérieurs

13 vendémiaire (octobre 1795)

En septembre 1795, à Paris, la Convention se préparait à instaurer un nouveau régime - le Directoire - pour préserver les acquis de la Révolution... y compris les fortunes d'origine douteuse. Mais des sans-culottes mécontents, alliés à des royalistes, ayant retrouvé la majorité de l'opinion, s'insurgèrent contre ce qui se préparait. Deux sections parisiennes de sans-culottes et une partie de la garde nationale prirent les armes. Le 4 octobre 1795, les insurgés projetèrent d'encercler le palais des Tuileries, où siégeaient la Convention et les comités exécutifs, avec deux colonnes. L'une partie de l'église Saint-Roch, sur la rue Saint-Honoré, l'autre partie du Pont-Neuf. On demanda à Barras de se charger de réprimer cette insurrection, en qualité de commandant en chef de l'armée de l'intérieur. Le 5 octobre, ce dernier convoqua Napoléon Bonaparte, qu'il avait remarqué au **siège de Toulon**, deux ans plus tôt, et élevé au grade de général. Il lui demanda d'agir sans tarder. Pourtant, le 15 septembre, Bonaparte avait été rayé de la liste des généraux en activité par Cambacérès en raison de ses compromissions avec le camp de **Robespierre**. Il fit même quelques jours de prison. Barras lui demanda de rétablir l'ordre. Ayant fait venir des canons de la plaine des Sablons aux Tuileries, il mitrailla les insurgés royalistes sur les marches de l'église Saint-Roch, au cœur de Paris. En trois quarts d'heure, Bonaparte eut vite fait de débander les insurgés, en laissant au sol 300 victimes de la mitraille. D'ailleurs, pendant quelque temps, Bonaparte fut surnommé, un peu ironiquement, « le général vendémiaire ».

III) LES TRAITES
(et autres évènements notables)

Les Traités

La Jaunaye (février 1795)

Le traité de la Jaunaye (un château situé près de Nantes), signé le 17 février 1795, entre les émissaires de la République et ceux de la Vendée insurgée, fut l'une des rares occasions où ce combat fratricide et sanglant eut pu s'arrêter. Ce traité, obtenu par les chefs vendéens, **Charette** et Sapinaud, rejoints en mai par **Stofflet**, était un bon texte de compromis. Il donnait de nombreuses satisfactions aux insurgés, qui se voyaient accorder l'amnistie, le libre exercice de leur culte en étant dispensés du service militaire, tout en conservant leurs armes. Par ailleurs, leurs biens leur étaient restitués et les troupes républicaines se retiraient de la zone insurgée. Cependant, ce traité ne mit pas fin à la guerre de Vendée, puisque plusieurs des signataires reprirent les armes dans les mois qui suivirent. Suite à la mort de Louis XVII, la paix fut en effet rompue par **Charette**, en juin 1795. Ce dernier favorisa notamment le débarquement d'émigrés, sous navires anglais, à **Quiberon**, fin juin 1795. Tombant sur un général républicain de qualité – **Lazare Hoche** – cette tentative fut un échec retentissant. **Charette** fut alors poursuivi, arrêté et fusillé en mars 1796. Sapinaud de son côté reprit les armes, en octobre 1795, mais fit reddition, dès janvier 1796. Quant à **Stofflet,** il rompit la paix en janvier 1796, sur ordre du comte d'Artois, qui le nomma pour l'occasion lieutenant général. Rapidement arrêté, il fut exécuté à Angers, en février 1796. Dès lors, faute de meneurs, la zone insurgée revint, peu à peu, à une vie à peu près normale

Les Traités

La Mabilais (Avril 1795)

Le traité de La Mabilais fut un accord de paix signé le 20 avril 1795, dans le manoir de La Mabilais, à Rennes, entre les Chouans (globalement des Bretons) et la République française. Depuis la fin de 1794, les « thermidoriens » avaient opté pour une politique de pacification, menée notamment par le général **Hoche** et le représentant en mission à Nantes, Albert Ruelle. De chaque côté, on envisagea alors la matérialisation d'un accord entre les deux parties. Les entretiens furent laborieux, tant les positions étaient opposées. Au final, cinq arrêtés furent signés, concluant la pacification tant attendue. Les Chouans qui se soumettraient à la République seraient ainsi mis à l'abri de toute poursuite. Il était prévu également des secours aux habitants, tant chouans que républicains, dont les propriétés avaient été pillées. Les insurgés rentraient également en possession de tous leurs biens dès lors qu'ils se soumettaient aux lois républicaines. Cependant, cette belle entente fit long feu. Les chouans avaient-ils coopéré pour gagner du temps, dans l'attente d'une expédition anglaise ? Le général **Hoche** y trouvait-il un répit pour recevoir des renforts ? Toujours est-il que des petits chefs chouans continuèrent des exactions et que des populations bleues persistèrent à exiger l'application des lois contre les émigrés et les prêtres. Dès lors, les hostilités reprirent progressivement partout et le débarquement des émigrés royalistes, à **Quiberon**, fin juin 1795 en fut le point d'orgue. Une tentative (désespérée) matée par **Hoche**, qui marqua le glas des espoirs des Chouans, des Vendéens et des royalistes.

Les Traités

Bâle (Avril 1795)

Depuis l'été 1794 et les victoires militaires des armées républicaines face aux Autrichiens et aux Prussiens. Depuis la mainmise début 1795 de la France révolutionnaire sur la **Belgique** et la **Hollande**. Depuis la victoire de **Dugommier** à Figueras, en Catalogne, toute l'Europe avait compris qu'il serait désormais compliqué de faire revenir la monarchie en France, du moins à brève échéance. L'heure était donc venue de négocier des sorties de conflit. Concernant l'un des adversaires majeurs de la République – la Prusse - ce fut assez facile. Ce pays était beaucoup plus intéressé par le partage de la Pologne, porteur de promesses de butins territoriaux, que par une longue mobilisation, sans résultat tangible de ses troupes à l'ouest. En outre, des différents diplomatiques continuaient de perdurer entre l'Autriche et la Prusse. Frédéric-Guillaume II de Prusse décida donc de se retirer de la coalition menée initialement par l'empereur du Saint-Empire, François II. Un traité de paix fut donc signé le 5 avril 1795, entre la France, représentée par son plénipotentiaire François Barthélemy et la Prusse représentée par son ambassadeur Karl August von Hardenberg. Un traité qui se voulait équitable. La Prusse cédait ses possessions sur la rive gauche du Rhin (le duché de Gueldre et l'ouest du duché de Clèves). En contrepartie, elle obtenait, par une clause secrète, la promesse d'indemnités territoriales sur la rive droite du Rhin et un quasi-protectorat sur l'Allemagne du Nord. Pour la jeune république française, ce traité reconnaissait, de facto, le Rhin comme frontière naturelle des deux pays.

Les Traités

La Haye (Mai 1795)

En 1793, la Convention avait déclaré la guerre à l'Angleterre et aux Provinces-Unies. Après une première tentative de **Dumouriez,** les armées françaises commandées par **Pichegru** envahirent, en 1795, le Brabant, Utrecht et la **Hollande** à la faveur de l'hiver qui gela les canaux. Le stathouder Guillaume V d'Orange dut fuir en Angleterre. Les « patriotes » bataves se soulevèrent dans les grandes villes et épurèrent les administrations municipales. Ils fondèrent ainsi la République batave, alliée à la France dans la guerre contre l'Angleterre. Mais, dès cet instant, l'influence française sur cette nouvelle république se fit sentir longtemps… jusqu'en 1813. Ce fut le traité de La Haye, signé le 16 mai 1795 (par Reubell et Sieyès, côté français) qui mit un terme au conflit opposant la République française aux ex Provinces-Unies. Mais ce ne fut pas gratuit ! En compensation de la reconnaissance officielle par la France de la République batave, une alliance offensive et défensive fut mise en place. Pour protéger le territoire batave d'une invasion britannique ou prussienne, 25 000 soldats français y stationnèrent, entretenus par la nouvelle République batave. Le port de Flessingue fut partagé entre les deux pays. La fonction de stathoudérat fut abolie. Le commandement en chef des troupes bataves et françaises fut désormais assuré par un officier français. Les généraux Joubert, Brune ou Augereau exercèrent d'ailleurs cette fonction. Au titre des indemnités de guerre, la République batave dut verser cent millions de florins à la France, tout en lui cédant les territoires de Maastricht, Venloo et la Flandre zélandaise.

Les Traités

Bâle (Juillet 1795)

Le second traité de Bâle fut signé le 22 juillet 1795, entre la République française et le royaume d'Espagne. Il signifiait la fin d'un conflit connu sous les noms de « **guerre du Roussillon** » ou de « guerre de la Convention », qui opposait les deux pays depuis 1793. Cette guerre, bien qu'elle ait débuté favorablement pour l'Espagne, s'était terminée par un revers sévère pour les Ibériques. Les armées de la République française, sous les ordres de **Dugommier** et de Moncey, avaient contre-attaqué dans le nord de l'Espagne. Poussant leurs avancées, les soldats français avaient même fini par envahir les territoires espagnols de la Catalogne, du Pays basque et de la Navarre. Manuel Godoy, duc de l'Alcúdia, et ministre espagnol qui avait préconisé cette guerre, dut se résoudre à accepter la paix. Dans le traité de Bâle, les deux parties s'entendirent pour que la France restitue les territoires fraîchement occupés en Espagne. En compensation, celle-ci cédait à la France révolutionnaire la partie orientale de Saint-Domingue (l'actuel Haïti). Pour mémoire, la France occupait déjà la partie occidentale de l'île depuis la signature du traité de Rijswijk en 1697. Le traité de Bâle prévoyait également de régulariser les relations commerciales entre les deux pays. Certaines clauses secrètes du traité disposaient en outre que l'Espagne ne poursuivrait pas les « francisés » (locaux acquis à la Révolution française) et que la France libérerait Marie-Thérèse de France, fille de Louis XVI. À l'issue des traités de Bâle, seuls l'Angleterre, l'Autriche et le Portugal restaient encore en guerre contre la France.

Autres évènements notables

Comité de sûreté générale (octobre 1792)

La Convention décida de créer, le 2 octobre 1792, une véritable police politique, Composé d'un nombre variable de membres, tous appartenant à la Montagne, installé à partir de mai 1793 dans l'hôtel de Brionne, ce comité disposa rapidement du droit de décerner des mandats d'amener et d'arrêt, de faire incarcérer les suspects et de les traduire devant le **Tribunal révolutionnaire**. Trois périodes marquèrent son activité. Jusqu'en septembre 1793, le Comité fut dominé par les personnalités de **Chabot** et de Basire, déjà membres du Comité de surveillance de la Législative. Autour d'eux gravitèrent des « députés d'affaires » très accessibles aux sollicitations des détenus et de leurs amis. Le 14 septembre 1793, la Convention renouvela complétement ce Comité. Ainsi, se constitua le grand Comité de l'an II formé d'une douzaine de membres dont **Vadier** était le président. Ce Comité devint un véritable ministère de la Police, avec quelque 130 employés de bureau et des agents d'exécution. Cet organe donna toute sa puissance durant la « terreur », où il eut à s'occuper des « traîtres » girondins et fédéralistes sans compter les corrompus de la Compagnie des Indes. Au printemps 1794, l'ingérence croissante de **Robespierre** et de **Saint-Just** dans les questions de police entraîna ce comité à les combattre en sous-main. Le Comité de sûreté générale, épuré après Thermidor, poursuivit son activité jusqu'à la fin de la Convention. Ce Comité dit de l'an III, composé de seize membres, renouvelables par quart tous les mois, disparut à l'avènement du « Directoire »

Autres évènements notables

L'armoire de fer (novembre 1792)

Après l'arrestation du roi Louis XVI, François Gamain, qui fût son serrurier, dénonça au ministre de l'Intérieur, **Roland de la Platière**, l'existence d'une armoire de fer, cachée au château des Tuileries. Cette armoire avait pour vocation de dissimuler la correspondance secrète du roi (entre autres, les correspondances avec Mirabeau, **Dumouriez**, Talleyrand, La Fayette, les émigrés…) et avait été installée par Gamain. Montée en épingle par la presse révolutionnaire, en particulier par « l'Ami du peuple » de **Marat**, l'affaire fit grand bruit et eut un effet désastreux sur l'opinion publique. On découvrit notamment l'existence d'un vaste réseau de corruption mis en place et structuré, dès 1791, par le comte de **Montmorin**, ministre du roi, pour « acheter » des meneurs populaires ou des orateurs de clubs. Selon certains historiens, toutes les pièces remises à la Convention n'auraient cependant pas été transmises. Le ministre de l'Intérieur **Roland** aurait notamment fait disparaître ce qui concernait son collègue **Danton** ou certains députés girondins. Malgré tout, le 20 novembre 1792, **Jean-Marie Roland** déposa de très nombreuses pièces sur le bureau de la Convention nationale, brisant ainsi toutes les manœuvres en cours, destinées à empêcher de renvoyer Louis XVI devant un tribunal. La Convention décida alors, le 3 décembre 1792, la mise en jugement du roi. La masse des documents mis à jour servit naturellement de pièces à charge, d'autant qu'on interrogea Louis XVI, sans lui préciser que « l'armoire de fer » avait été mise à jour.

Autres évènements notables

Tribunal révolutionnaire (mars 1793)

Créé à l'initiative de **Danton** lorsqu'il était encore dans sa période de révolutionnaire avancé *(« Soyons terribles pour dispenser le peuple de l'être »)* un tribunal criminel extraordinaire appelé plus tard tribunal révolutionnaire fut mis en place, le 10 mars 1793. Ce tribunal jugeait de tout, sans distinction particulière. Il était installé au Palais de justice et composé de cinq juges, d'un accusateur public et de douze jurés tirés au sort. Pour ne pas perdre de temps, le jugement prononcé était sans appel et sans recours. Naturellement, ce curieux tribunal devint une machine impitoyable à partir de septembre 1793 (la Terreur) et complétement incontrôlable, à compter de juin 1794 (**grande Terreur**). Dans cette dernière période, on supprima même les maigres droits dont pouvait encore bénéficier la défense, qu'on n'écoutait pas de toute façon. Sous l'organisation matérielle expresse d'un **Fouquier-Tinville**, faisant l'inventaire des prévenus comme un commerçant ferait celui de son stock de marchandises, les prévenus étaient jugés par « fournées » même si les « délits » commis n'avaient rien de commun entre eux. Jusqu'à **Thermidor**, on supprima ainsi près de trois mille personnes à Paris. 71% des condamnés relevaient du tiers état dont une majorité d'artisans et d'agriculteurs. 80% des condamnés furent guillotinés sous l'accusation diverse de « complots », « attitudes », « sentiments » ou « écrits », le tout très souvent sous dénonciation anonyme. Le Tribunal révolutionnaire fut supprimé, fin mai 1795, après avoir toutefois envoyé **Fouquier-Tinville** à l'échafaud.

Autres évènements notables

Comité de salut public (avril 1793)

Le Comité de salut public (CSP) fut créé début avril 1793. Il avait pour mission initiale de « *prendre dans les circonstances urgentes des mesures de défense générale extérieure et intérieure* » Or, au printemps 1793, la situation était grave. Une coalition extérieure s'était formée contre la France. À l'ouest, la Vendée se soulevait également contre la jeune république, sans compter les **mouvements « fédéralistes »** en province. Pour conjurer ces périls, les circuits de décision furent raccourcis jusqu'à ce que la Convention ne soit plus qu'une simple chambre d'enregistrement. Au début, ce comité comprenait neuf membres (parmi lesquels **Danton**, **Barère**, Cambon, **Lindet**) élus pour un mois et rééligibles. Quelques personnalités leur furent adjointes après la **chute de la Gironde** (**Hérault de Séchelles**, **Saint-Just**, **Couthon**). Robespierre entra au comité, fin juillet 1793, et en devint progressivement le véritable chef, inamovible. Composé de Montagnards, ce collège, devenu dictatorial, centralisa toutes les décisions majeures durant une année. Au nombre de dix ou douze (le chiffre varia), les membres du CSP travaillaient beaucoup (certains dormaient sur place). Sévères pour eux-mêmes, leur intransigeance se manifestait également à l'égard des tièdes ou des suspects (ou supposés tels), qu'ils n'hésitaient pas à envoyer à l'échafaud. Avec le temps, les membres du CSP devinrent paranoïaques, se méfiant les uns des autres. En l'état, ce comité s'édulcora après la **chute de Robespierre** et disparut avec l'avènement du Directoire.

Autres évènements notables

Constitution de l'an I (juin 1793)

Après l'échec de la « Constitution de 1791 », établie pour permettre à Louis XVI de régner au sein d'une monarchie constitutionnelle, la Convention proposa un nouveau texte, « la constitution de l'An I » étant rappelé que l'An I (de la république) débutait le 22 septembre 1792. Relativement courte (124 articles), précédée d'une déclaration des droits de l'homme et du citoyen plus démocratique que celle de 1791, la constitution du 24 juin 1793 s'inspira très largement des idées de Rousseau. Proclamant la souveraineté du peuple, et non plus de la nation, elle introduisait le suffrage universel direct en France, ainsi que le référendum législatif, permettant aux citoyens de participer directement à la gestion des affaires publiques. Plutôt que la séparation des pouvoirs et le régime parlementaire (évoquant l'Angleterre, alors à la tête de la coalition militaire antifrançaise), cette constitution optait pour une spécialisation des pouvoirs, correspondant à une organisation pyramidale des fonctions. En clair, ce texte mettait en place un régime d'assemblée. Le pouvoir législatif exerçait l'essentiel des pouvoirs et dominait un exécutif collégial de 24 membres, choisis par l'Assemblée, elle-même élue pour un an. Ce texte n'eut pas eu le temps d'entrer en vigueur. Décrétant, sur un rapport de **Saint-Just**, que *« le gouvernement [serait] révolutionnaire jusqu'à la paix »*, la Convention suspendit de fait son application par un décret d'octobre 1793. Après **Thermidor**, la Convention décida d'abandonner la Constitution de l'an I, symbole de la terreur révolutionnaire, et d'en rédiger une nouvelle

Autres évènements notables

Culte de la Raison (août 1793)

Depuis 1790, un culte civique s'était peu à peu esquissé au fil des grandes fêtes, telle la fête de la Fédération en juillet 1790. En août 1793, la fête de l'Unité et de l'Indivisibilité fut la première fête purement laïque. L'essor du culte de la Raison fut lié à la déchristianisation, opérée d'abord en province par les initiatives de représentants en mission. À Paris, la Convention adopta, le 5 octobre 1793, le **calendrier républicain**, dont le but était bien de supprimer les superstitions. Il s'agissait, comme le disait le rapporteur, de fonder *« sur les débris des superstitions détrônées la seule religion universelle, qui n'a ni secrets ni mystères, dont le seul dogme est l'égalité, dont nos lois sont les orateurs, dont les magistrats sont les pontifes »* Le culte de la Raison fut donc l'une des évolutions du culte civique que les révolutionnaires tentèrent d'établir d'une manière désordonnée jusqu'à la création du **« culte de l'Être suprême »** par **Robespierre.** En novembre 1793, **Chaumette** fit célébrer dans l'église Notre-Dame une fête de la liberté, l'une des manifestations les plus éclatantes du culte de la Raison. On avait édifié une montagne en carton dans le chœur, entourée des bustes de Voltaire, de Rousseau et de Franklin. Après les discours et les hymnes, la « Raison » sortit de la montagne sous les traits d'une danseuse de l'Opéra. Ce culte ne fut jamais bien organisé. Hymnes patriotiques, discours contre les superstitions ou cérémonies plus ou moins grandiloquentes, tout cela était laissé à l'initiative des municipalités. **Robespierre** hésita à poursuivre dans ce sens, de peur de s'aliéner la masse des catholiques.

Autres évènements notables

Loi des suspects (septembre 1793)

En mars 1793 s'étaient déjà mis en place dans les communes des « comités de surveillance » qui devaient épier de possibles « suspects » et délivrer aux « patriotes » des certificats de civisme. Pour leur faciliter la tâche, on mit en place, à la même époque, un **Tribunal révolutionnaire** pour juger tous les « suspects » dont on emplissait les prisons, avant d'en guillotiner la quasi totalité, pour libérer de la place. Cependant, vu le nombre de délations, il fallut légiférer sur cette question. Le 5 septembre 1793, **Barère,** membre du **Comité de salut public** demanda à la Convention de prendre toutes les mesures propres à sauver les acquis de la Révolution. L'Assemblée mit alors « la Terreur à l'ordre du jour » Il s'agissait par une justice prompte et inflexible de briser et « terroriser » les ennemis de la Révolution, les supposés suspects. La loi du 17 septembre 1793 permit d'en savoir plus sur leur identité. Étaient réputés comme tels, les ci-devant nobles et leurs parents, et tous ceux qui par leur conduite, leurs relations, leurs propos, leurs écrits se montraient partisans du fédéralisme et (ou) des ennemis de la liberté. Une loi qui permettait également l'arrestation de ceux qui *« n'ayant rien fait contre la Liberté n'avaient rien fait pour elle »* Autant dire qu'avec ce texte tout le monde pouvait se sentir menacé, et chacun dénonça rapidement qui son voisin, qui les membres de sa famille, qui ses créanciers, qui des ennemis locaux… On estime que durant l'année qu'a duré la Terreur 500 000 suspects furent arrêtés et 300 000 placés en résidence surveillée à leur domicile.

Autres évènements notables

Calendrier révolutionnaire (octobre 1793)

Ce fut le 5 octobre 1793, que les députés votèrent le principe de l'abolition du calendrier grégorien. Quelques semaines plus tard, la Convention publia le nouveau calendrier républicain.. Celui-ci fut « l'œuvre » du poète François **Fabre d'Églantine.** Désormais les jours n'étaient plus consacrés à des saints, mais à des produits du terroir. Les semaines devenaient des décades (primidi, duodi…) Quant aux mois, on continuait d'en décompter 12, mais d'une durée unique de 30 jours. Dotés de belles sonorités, leurs noms évoquaient les quatre saisons (germinal, floréal, prairial…) Pour s'aligner sur un cycle solaire, ces douze mois furent complétés par cinq ou six jours consacrés à des fêtes patriotiques, les « sanculottides ». L'assemblée de la Convention, dominée par les députés de la Montagne et soumise aux sans-culottes parisiens, prétendit ainsi déraciner à jamais les rites chrétiens, en particulier le repos dominical et les fêtes religieuses. Elle prescrivit que quiconque s'exprimerait selon l'ancien calendrier grégorien serait passible de la peine de mort. Cette mesure inaugura une entreprise de déchristianisation à marche forcée, consécutive à l'échec de la Constitution civile du clergé. Le calendrier révolutionnaire survécut à la Terreur et à la **chute de Robespierre**, mais en dépit des textes, ce calendrier n'eut guère d'emprise sur les esprits. Il faut dire que le « peuple » n'appréciait pas de troquer le jour de congé hebdomadaire (un dimanche tous les sept jours) contre un jour de congé décadaire. Trop peu pratique, peu suivi, ce calendrier fut abrogé le 1er janvier 1806, sous le Premier Empire.

Autres évènements notables

Suppression de l'esclavage aux colonies (février 1794)

Si les théories humanitaires des philosophes furent largement diffusées, notamment par la Société des Amis des Noirs, à Paris, la Révolution ne prit pas d'emblée position en faveur de l'abolition de l'esclavage. La constituante, influencée par le lobby des colons maintint l'esclavage aux colonies, en 1791. La Législative accorda des droits aux hommes de couleur libres, en 1792. Au départ, la Convention s'occupa peu des colonies. Sur l'intervention de **l'abbé Grégoire**, elle se borna à supprimer, en juillet 1793, les primes prévues par la législation royale par tonneau de jauge des navires négriers. Certains partisans des colons, qui avaient infiltré les Jacobins, continuaient à dissuader l'assemblée de toute mesure susceptible de modifier la situation des colonies. De toute façon, les nouvelles de ces contrées lointaines ne parvenaient à Paris qu'après des délais de plusieurs semaines. Ainsi, la proclamation de l'abolition de l'esclavage à Saint-Domingue, en août 1793, ne fut connue à Paris qu'en octobre. Le témoignage direct de députés de Saint-Domingue constitua une source d'informations pour la Convention. À travers leur volonté affichée de maintenir un lien fort entre la métropole et la colonie, les députés se firent une idée plus précise de la situation. Édifiée, l'Assemblée « montagnarde » finit par proclamer l'abolition de l'esclavage, d'autant qu'il s'agissait également de mobiliser les populations contre les Anglais qui envahissaient ces colonies. Ce texte majeur de la Révolution fut cependant inégalement appliqué. Il fut, en outre, abrogé sous le Consulat, par la loi du 20 mai 1802

Autres évènements notables

Fête de l'Être suprême (juin 1794)

Ce culte déiste et patriotique fut inauguré à Paris en juin 1794. Issu de l'esprit des philosophes du siècle des Lumières, l'être suprême était une divinité impersonnelle qui aurait créé l'univers. Pour **Robespierre**, hostile à une déchristianisation complète, ce culte était censé remplacer celui de **la Raison** prônant un athéisme pur et simple. Par cette manifestation, **Robespierre** prétendait donner à la vertu, principe majeur du gouvernement populaire, un fondement métaphysique. Selon lui, « *l'idée de l'Être suprême était un rappel continuel à la justice ; elle était donc sociale et républicaine* » La première (et dernière) fête de ce genre se déroula en juin 1794. La cérémonie comporta deux épisodes. Aux Tuileries, devant le pavillon central couronné d'un gigantesque bonnet rouge, se dressa devant un amphithéâtre de verdure une statue de l'athéisme en étoupe, où nichait une statue de la Sagesse, incombustible. Après la canonnade, les fanfares et les chœurs de l'Opéra, **Robespierre** mit le feu à la statue de l'athéisme. La Sagesse sortit intacte des flammes. On se rendit ensuite au Champ-de-Mars où était installée une montagne symbolique, quatre tombeaux étrusques, une pyramide, un temple grec et un autel. Le cortège vint se promener dans ce décor allégorique puis une canonnade mit fin à la cérémonie. Cette fête fut l'apothéose de **Robespierre**. Porte-drapeau de la Révolution, il en était apparu comme le maître, précédant les députés d'une vingtaine de pas. Mais toute cette cérémonie permit aux autres révolutionnaires de comprendre combien **Robespierre** était devenu un quasi-dictateur.

Autres évènements notables

Abolition de la loi du maximum (décembre 1794)

Lors de la Révolution française, sous la pression populaire née de la disette dans les villes et plus particulièrement à Paris, la Convention dut se résigner à intervenir sur le plan économique. Elle vota une loi contre l'accaparement punissant de mort la spéculation, en juillet 1793. Un peu plus tard, en septembre, elle adopta la loi du maximum général. Pour tous les objets de première nécessité était fixé un prix maximum. La fixation n'était pas uniforme, mais variait selon les régions. Elle correspondait en général aux prix de 1790, augmentés d'un tiers. Parallèlement fut imposé un maximum des salaires. Ceux de 1790 augmentés de moitié. La vie du pays était donc en principe sévèrement réglementée. Mais l'application du premier maximum (sur les prix des denrées) fut très partielle et imparfaite. Quant au second, celui portant sur les salaires, il provoqua de sérieux troubles et des phénomènes de panique. L'inflation galopante liée à la dévaluation permanente de l'assignat obligea les conventionnels à mettre en place une commission des subsistances chargée d'établir certains tarifs, dès octobre 1793. Mais mal acceptées faute d'une administration efficace, les lois du maximum ne firent qu'accroître le chaos monétaire et économique sous la Terreur. Elles furent abandonnées par les « thermidoriens », fin décembre 1794. Cette abolition allait d'ailleurs aggraver la disette et provoquer les grandes insurrections populaires de Germinal et de Prairial. La chute ultérieure du Directoire fut due (en partie) à son incapacité à redonner de l'espoir à une majorité de Français

Autres évènements notables

Constitution de l'an III (août 1795)

Votée par la Convention plus d'un an après la **chute de Robespierre**, la Constitution du 5 fructidor an III, fut, avec ses 377 articles, la plus bavarde de notre histoire. Elle fonctionna quatre ans jusqu'au coup d'État de Bonaparte, le 18 brumaire an VIII. Cette constitution fut un texte de compromis, élaborée par des bourgeois modérés. La Déclaration des droits, qui la précéda, donna immédiatement le ton. Les articles les plus « séditieux », tels ceux prévoyant le suffrage universel, la souveraineté nationale ou le droit à l'insurrection, furent éliminés et remplacés par des articles prônant des vertus de bonne morale. Sans surprise, le suffrage redevint censitaire et à deux degrés. Au premier degré, un quart environ des citoyens, en âge de voter, était déjà exclu du corps électoral, alors que les conditions de fortune exigées pour être électeur du second degré étaient si élevées que le nombre de ces électeurs se trouva réduit à trente mille. Par ailleurs, un bicaméralisme strict fut établi. Le Conseil des Cinq-Cents détint l'initiative des lois, tandis que le Conseil des Anciens discutait et votait les lois. Quant au pouvoir exécutif, il devint collégial. Le Directoire, assisté de ministres, comprenait cinq membres élus par les Anciens sur proposition des Cinq-Cents. Les deux Chambres n'avaient aucun moyen d'action sur le Directoire, et réciproquement. Une séparation si nette qu'elle entrava le bon fonctionnement politique de cette période. Les conflits permanents entre les deux pouvoirs se multiplièrent et ne purent jamais se résoudre. Là fut la faiblesse majeure de la constitution de l'an III.

RÉFLEXIONS GÉNÉRALES PORTANT SUR LA PÉRIODE

- **Introduction**

À la fin du XIXe siècle, lors d'une séance à l'Assemblée nationale, Clemenceau précisa un jour sa pensée sur ce que lui inspirait la Révolution Française. *« Un bloc… dont on ne peut rien distraire[1] »*. Une position tranchée… éventuellement discutable.
Du point de vue de l'auteur, la Révolution, dès lors qu'elle fut un épisode majeur de l'histoire de France, mérite que l'on regarde de plus près les différentes séquences qui l'ont composée.
L'épisode purement révolutionnaire fut en lui-même assez resserré. Du 17 juin 1789, (date du serment du jeu de paume) au 27 juillet 1794 (date de la chute de Robespierre) les évènements qui se déroulèrent, durant ces cinq années, furent à la fois foisonnants et très différents les uns des autres. Ramener ceci à un « tout » ne rend pas compte d'une réalité qui fut plutôt protéiforme. Quant à l'idée qu'il vaut mieux ne pas dénoncer les « excès » de la Révolution pour ne pas salir ce grand moment, cela avaliserait l'idée que *« tout est permis quand la cause est bonne »*. Certains le pensent. Mais d'autres peuvent se montrer plus circonspects.

---

[1] Soustraire

I) Des moments si différents

En réalité, il n'est pas trop difficile de séquencer la période révolutionnaire. Il y eut d'abord une Assemblée constituante, autoproclamée comme telle en juillet 1789. Elle oeuvra assez longtemps, jusqu'en septembre 1791. À cette date, la France, devint une monarchie constitutionnelle monocamérale. Un an plus tard, en septembre 1792, après avoir déposé son roi, la France devint, cette fois-ci, une république. La nouvelle assemblée (la Convention) fut alors, principalement, orientée, jusqu'à début juin 1793, par des bourgeois provinciaux : les « Girondins ». Puis, et jusqu'à fin juillet 1794, l'Assemblée fut reprise en main par des bourgeois parisiens encore appelés : les « Montagnards ». À la chute de Robespierre, la Convention se retrouva alors entre les mains d'hommes plus modérés, que l'on qualifie en général de « thermidoriens » pour avoir fait tomber Robespierre un « 9 thermidor »
Cinq périodes donc mais bien différentes les unes des autres.

I.I La Constituante

Au printemps 1789, les finances royales étaient au plus bas. À la seconde où le roi s'est senti obligé de convoquer les États généraux (pour lever de nouveaux impôts naturellement) il se mit dans la main des « élus » convoqués.
Devant la prise de conscience que le tiers état était très majoritaire dans le pays (98%), Louis XVI, un roi timoré et hésitant, fut conduit à céder à l'infini sur tout ce qui allait se passer par la suite.

De fait, et au tout début de la Constituante, le roi ne pouvait décemment pas faire disperser ces « élus ». Ce n'était pas dans sa nature et cela n'aurait rien résolu au plan financier. D'autant qu'assez rapidement, les gendarmes au plan intérieur et les soldats au plan extérieur ne reconnurent plus que les membres du tiers comme dépositaires du pouvoir politique en France. Or, quand un pouvoir constitué ne contrôle plus la force armée…

Du seul point de vue des modifications symboliques, fiscales et administratives, la Constituante a tout bouleversé ! La liste est très longue. Elle s'étend (notamment) de la déclaration des droits de l'homme et du citoyen à l'abolition des privilèges féodaux et de l'ordre de la noblesse en passant par la division du royaume en départements, la réforme de la Justice, la suppression des Parlements, la nationalisation des biens de l'Église et la mise en place d'une constitution civile du clergé.

Cette Constituante fut très longtemps sous l'emprise des partisans d'une monarchie constitutionnelle, dont la principale tête pensante était Antoine Barnave. Cela a d'ailleurs failli réussir tant ces « constitutionnels » dominaient l'Assemblée à cette époque. Mais quatre grains de sable vont venir déchirer la toile patiemment tissée par les partisans de Barnave.
D'abord, il y eut, en avril 1791, la mort inattendue de Mirabeau, un tribun peu ordinaire qui à l'époque emportait l'adhésion de nombreux « révolutionnaires » ne connaissant qu'une facette du personnage. Ensuite, en juin 1791, il y eut la fuite avortée de la famille royale, qui eut pour conséquence de faire comprendre au « peuple » que le roi n'était pas sincère dans son désir de s'entendre avec les révolutionnaires.

Il y eut également à la mi-juillet 1791, la répression (trop) sanglante des pétitionnaires du champ-de-mars, demandant (déjà) la déchéance du roi. Une répression qui va clairement faire verser la plupart des sans-culottes de la capitale dans le camp des révolutionnaires les plus actifs et les plus durs.

Enfin, dernier grain de sable, les députés de la Constituante vont voter une disposition selon laquelle, les élus en place étaient inéligibles à la prochaine assemblée. Une disposition voulant bien faire au plan démocratique mais qui va s'avérer funeste pour les « constitutionnels ». De fait, ces derniers élus en moins grand nombre à la nouvelle Assemblée et surtout sans leader (disparition du trio Barnave – Lameth – Duport, non rééligibles) pèsent d'autant moins sur les décisions votées par les députés.

I.2 La Législative

L'histoire de la législative fut celle d'un grand malentendu. Cette monarchie constitutionnelle, née en septembre 1791, personne finalement n'en voulait, sauf ceux qui l'avaient créée, désormais minoritaires dans la nouvelle assemblée élue. A commencer par Louis XVI qui venait de comprendre qu'on ne lui laissait pas grand-chose de son pouvoir d'antan, juste un droit de veto… et encore à titre suspensif !

Quant aux nouveaux députés, bon nombre d'entre eux, davantage à gauche que leurs prédécesseurs, n'apprécièrent pas qu'on leur dise *« La révolution est finie, vous n'avez plus rien à faire… »*

Les deux clubs les plus virulents, les Jacobins et les Cordeliers, dans lesquels on retrouvait nombre des ex-députés de gauche de la

Constituante, vont se livrer alors à une surenchère permanente pour orienter les débats des législateurs vers une modification radicale du pouvoir en France. À compter du printemps 1792, la déclaration de la guerre à l'Autriche va être l'élément décisif pour faire bouger les lignes. Tout le monde s'est retrouvé d'accord pour faire la guerre (sauf Robespierre qui estimait que le pays n'était pas prêt). Les uns pour faire réagir les peuples contre leurs oppresseurs royalistes et obliger, non sans arrière-pensées, Louis XVI à se déterminer, les autres pour être « délivrés » de la révolution et de revenir à la situation d'antan.

Dès lors, tout va se passer en trois temps. En juin 1792, pour fêter l'anniversaire de la fuite avortée du roi, les sans-culottes vont envahir une première fois le palais des Tuileries, se rendant compte, à l'occasion, qu'ils n'avaient rencontré aucune résistance. En juillet, le manifeste de « Brunswick », un document venant des coalisés étrangers menaçant des pires représailles les Parisiens s'ils touchaient à la famille royale, va électriser Paris. En août, bien travaillés par le club des Cordeliers, les sans-culottes vont envahir une seconde fois les Tuileries, cette fois-ci pour arrêter la famille royale, bafouant au passage les articles concernant l'inviolabilité de la personne du roi dans la toute jeune Constitution de 1791.

I.3 La Convention « girondine »

Le 21 septembre 1792, les nouveaux maîtres du pays déclarèrent à la fois que la royauté était abolie en France, que la République venait de naître et que la nouvelle assemblée mise en place (la Convention[2]) se fixait comme premier objectif de donner une nouvelle constitution au pays.

À cette époque, concernant le sort du roi, les avis étaient très partagés. Dans leur grande majorité, les députés « girondins », des notables venus de province, pratiquement tous férus de droit, du fait de leur profession d'avocats ou de magistrats, étaient réticents à le juger. Les députés les plus radicaux, les « Montagnards » s'étant installés dans les travées hautes de l'Assemblée, voulaient à l'opposé en finir avec ce symbole vivant de l'Ancien Régime. Tout bascula quand les députés eurent accès à certains documents sensibles de Louis XVI, archivés dans une armoire secrète installée aux Tuileries. Les documents retrouvés confirmèrent la duplicité du roi et de certains députés, tels Mirabeau ou Talleyrand, qui le conseillait en sous-main.

Ils confirmèrent surtout que le roi correspondait avec les monarchies européennes dans le but que celles-ci se mobilisent pour chasser les révolutionnaires de France.

Dès lors, le sort du roi était scellé. Cependant, pour ne laisser aucune chance au souverain déchu, le vote des conventionnels fut individualisé et public. L'exécution de Louis XVI causa un grand émoi dans les chancelleries européennes, conduisant la Convention à décréter une première levée en masse de 300 000 hommes, tirés au sort. Ce décret, la mort du roi et l'emprisonnement des prêtres réfractaires à la constitution civile du clergé entraînèrent des mouvements de rejet d'une partie de la population. Et notamment dans l'ouest du pays, en Vendée et en Bretagne.

---

[2] En écho à la révolution américaine

Très décriés par les plus mordants des leaders des clubs, notamment pour la mollesse avec laquelle ils faisaient face aux difficultés économiques, militaires et factieuses, les députés girondins eurent de plus en plus de mal à canaliser la colère des sans-culottes parisiens. Ces derniers, manipulés à souhait par les Montagnards, lisaient en outre les articles de Marat et de Hébert, dénonçant en permanence des « complots » de toutes sortes contre la révolution. Sans surprise, cette effervescence va déboucher sur ce à quoi voulaient arriver les Montagnards. Prendre le pouvoir aux Girondins. Début juin 1794, devant les canons et une foule menaçante encerclant la Convention, les députés du « marais », pourtant majoritaires à l'Assemblée, votèrent (prudemment) l'arrestation d'une trentaine de députés girondins. Les Montagnards, bien que minoritaires à la Convention, venaient de prendre le pouvoir…

I.4 La Convention « montagnarde »

Certes, en août 1793, les conventionnels avaient bien promulgué une constitution, celle de l'an I, qui donnait ainsi un cadre juridique à la Ire République, mais décidément, il n'était pas possible de la mettre en œuvre. Trop d'éléments contraires en empêchaient le bon fonctionnement. La guerre aux frontières se présentait mal. À l'intérieur du pays, des mouvements « fédéralistes » se révoltaient ouvertement contre le pouvoir parisien. Dans l'ouest du pays, des armées royales et catholiques menaçaient même l'unité de la jeune république, pourtant proclamée « une et indivisible » Quant à la situation économique, elle était désastreuse et le peuple des villes était en colère.

Un pouvoir d'exception se mit en place, à compter de juin 1793. En clair une dictature menée à partir de deux comités. Celui de « salut public » en charge de l'exécutif du pays, celui de « sûreté générale », dédié à la fois à la Police, aux renseignements et à la chasse aux « suspects ».

Concernant ces derniers une loi fut même votée, en septembre 1793, et ce fut à compter de cette date que la « révolution » dérapa. Dans les deux comités, on officialisa « la Terreur », on l'appelait même de ses vœux tant la suspicion devenait générale et portait sur tous les dossiers.
Mais, de septembre 1793 à juin 1794, n'ayant plus personne pour les contredire, les Montagnards se dévorèrent entre eux. Ce fut à celui qui serait le révolutionnaire le plus sincère, voire le plus pur. À ce petit jeu, Robespierre n'avait pas d'adversaires. La « vertu » portée au pinacle, il fallait la protéger à tout prix des « gredins » et des « fripons » vrais ou supposés. La « Terreur » institutionnalisée était là pour cela…

Suite aux grandes difficultés économiques rencontrées par un peuple majoritairement déçu, une première épuration eut lieu, fin 1793, contre les « enragés », tels Roux et Varlet, qui considéraient que cette révolution était, en réalité, artificielle et menée par et au profit de bourgeois. Une seconde épuration s'observa, début avril 1794, contre les « exagérés » d'Hébert et de Chaumette qui, de revendications en ultimatums, avaient fini par taxer Robespierre de « modérantisme ». Une troisième épuration eut lieu, fin avril 1794, contre les « indulgents » emmenés par Danton, l'ancien homme fort de la Révolution. Un tribun lassé de tout le sang versé jusqu'à présent.

Tous ces règlements de comptes se firent sous l'impulsion d'un seul homme – Robespierre - qui s'estimant compris du seul « peuple » des sans-culottes parisiens s'enivra progressivement de ce pouvoir de « vie ou de mort » qu'il détenait sur ses propres « amis » révolutionnaires. En paradant, le 8 juin 1794, à la fête de l'Être suprême, en décrétant les lois de prairial instituant la « grande Terreur », en juin 1794, Robespierre montrait qu'il était devenu d'autant plus paranoïaque que la victoire de Jourdan, à Fleurus, fin juin 1794, marquait le glas des espoirs de victoire de la coalition étrangère. Et donc la fin des espoirs de retour des émigrés massés aux frontières de la France, sous couvert de l'armée dite de Condé…

Cependant, Robespierre, lui-même usé par la tension permanente qu'occasionnaient ces évènements, se sentit obligé de se mettre en congé du Comité de salut public. Une absence d'un mois qui lui fut fatale. Quand il revint, tous ceux, et ils étaient nombreux, se sentant directement menacés de la guillotine, prirent les devants et ourdirent un plan, bien organisé au demeurant, pour faire chuter l'incorruptible, le 9 thermidor de l'an II.

La Convention montagnarde venait de cesser de vivre.

I.5 La Convention « thermidorienne »

Qu'est-ce qui s'est donc passé après la chute de Robespierre pour que cette nouvelle période soit considérée comme une rupture complète avec la phase précédente ? Car, après tout, les révolutionnaires « purs et durs » tels Barère, Billaud-Varenne et Collot d'Herbois étaient toujours là, siégeant au Comité de salut public qui resta en place quelques mois[3] encore. La réponse tient en deux mots. L'arrivée au pouvoir à la fois de « thermidoriens » opportunistes, tels Barras, Tallien et Fréron et de nouveaux protagonistes bien plus modérés que les Montagnards tels Sieyès, Cambacérès et Boissy d'Anglas.

Avec le renouvellement régulier et fréquent du Comité de salut public, les « bourreaux » de Robespierre furent finalement éconduits, déportés, voire guillotinés. Les amis de Barras, quant à eux, retournèrent leurs vestes. Ils se mirent à chasser, notamment dans Paris, la « queue de Robespierre », en clair tous ceux qui se réclamaient encore des idées montagnardes. Des milices civiles[4], sous la férule de Tallien et Fréron, virent même le jour dans Paris et certaines grandes villes, créant de nouveau un sentiment d'insécurité. Les émigrés commencèrent à rentrer en France et dans certaines régions. Dans le sud-est notamment, une « terreur blanche » dura quelques semaines. Des pro royalistes s'en prenant violemment à d'anciens jacobins. Enhardis, des émigrés royalistes tentèrent même une jonction avec les insurgés locaux, en débarquant à Quiberon. Une tentative qui échoua cependant, notamment en raison du talent du général Hoche. Comme échoua en octobre 1795, une ultime tentative des royalistes de renverser le pouvoir bourgeois en place, à Paris. Un général – Bonaparte – se chargeant au canon de calmer les esprits des insurgés.

Fin août 1795, la Convention sortit une nouvelle constitution[5] celle dite de l'an III, destinée à mettre en place un nouveau pouvoir exécutif – le Directoire – encadré par deux assemblées.

---

[3] Il sera supprimé en août 1795.
[4] Les « muscadins »
[5] Promulguée fin octobre 1795.

Celle des « Cinq-cents » détenait l'initiative des lois et celle des « Anciens » était chargée de discuter et de voter les lois. Cette constitution ayant été élaborée par des bourgeois modérés, elle rejetait aussi bien un retour à une variante monarchique qu'un retour à une démocratie « avancée ». Dans les faits, le fonctionnement de l'État, issu de ce texte, allait rencontrer un certain nombre de problèmes, qui seront examinés dans le tome 5 de cette collection. Mais le plus important d'entre eux vint du fait que ce texte constitutionnel prévoyait une séparation stricte entre les « Directeurs » et les Assemblées. Une séparation source de conflits divers entre ces deux pouvoirs, créant des blocages permanents que seul un événement extérieur pouvait dénouer. Cet événement, ce sera le coup d'État du 18 brumaire de Napoléon Bonaparte.

2) Du bleu partout

Courant 1795, la France républicaine est venue à bout d'une première coalition européenne, un peu disparate, dans laquelle se mélangeait une volonté d'entraide monarchique (l'Autriche) à une hostilité séculaire (l'Angleterre) en passant par un effet d'aubaine (l'Espagne) et le jeu des alliances (Prusse, notamment). Mais ce que n'avaient pas prévu ces ennemis d'un jour fut qu'un sentiment nationaliste très fort allait progressivement se mettre en place en France. Or à l'époque, avec ses 28 millions d'habitants, la France était le pays le plus peuplé d'Europe, à égalité avec la Russie tsariste. Rapidement, du fait de la couleur dominante de leur tenue de campagne, on les surnomma « les bleus »

2.1 Versus premières coalitions

À l'époque, la conscription[6] n'était pas obligatoire. L'armée de terre fonctionnait sous le règne de l'enrôlement volontaire favorisé par des sergents recruteurs.

Durant la Révolution, tout ceci changea, on fit appel régulièrement à des « levées en masse » obligatoires pour les jeunes patriotes[7] en âge de combattre.

Les effectifs augmentèrent assez rapidement. De 200 000 hommes, en février 1793, ils passèrent à 500 000 en juillet, puis 730 000 en septembre et plus de 800 000 en décembre 1793, un chiffre considérable pour l'époque. Par ailleurs et pour faire face à la multiplicité des points potentiels de combat, le grand ordonnateur des armées – Lazare Carnot – répartit cette masse de combattants en pas moins de 15 armées !

L'inexpérience des nouvelles recrues étant compensée par un savant mélange de vétérans et de jeunes appelés. L'enthousiasme révolutionnaire (qui fut réel en certaines circonstances) étant censé faire le reste.

Ce qui semble établi, c'est que de Valmy, fin 1792 à Fleurus, à l'été 1794, les armées françaises non seulement parvinrent à libérer les frontières, au nord, au sud et à l'est, mais se permirent même le luxe, en 1795, de contre-attaquer en occupant la Hollande et la Belgique, au grand dam des Britanniques. Un rêve qu'avait caressé toute sa vie Louis XIV… sans succès !

Que n'avait-on imaginé que ces armées, désorganisées par l'émigration de bon nombre d'officiers d'origine noble, seraient

---

[6] Instituée en septembre 1798
[7] Âgés initialement de 25 à 30 ans

sans nul doute mal commandées et facilement débandables. En réalité, sur les différents champs de bataille, Carnot ne s'embarrassa pas de vieux préjugés. Lui-même étant un grand soldat, il savait dénicher les talents là où ils étaient et qu'importe s'ils n'avaient que 25 ans ! Compulsez les fiches consacrées aux meilleurs d'entre eux et vous serez édifiés sur le sujet. Dommage simplement, c'est Bonaparte lui-même qui le reconnut, à Sainte-Hélène - que le numéro 1 de tous – Lazare Hoche - mourut prématurément de tuberculose à 31 ans seulement. Partout où il fut engagé, son armée l'emporta…

2.2 Versus l'ouest du pays

À l'intérieur du pays, début 1793, les conventionnels durent faire face à un soulèvement significatif, celui de l'ouest du pays et notamment celui des Vendéens qui n'acceptant ni la constitution civile du clergé ni la mort de Louis XVI refusèrent d'être enrôlés de force dans l'armée des « bleus ».
Pour le pouvoir révolutionnaire en place, ce qui était en jeu, c'était le rétablissement rapide de l'ordre dans ces régions, loin de Paris. Il fallut donc se battre militairement, tout en n'oubliant jamais que les adversaires d'en face étaient des Français.
Tant que la Convention fut plutôt contrôlée par les Girondins, la riposte militaire de Paris fut intermittente, parfois même hésitante. Dès que les Montagnards prirent le pouvoir à Paris, notamment à partir de septembre 1793 où la « terreur » fut instaurée, les choses changèrent.

On envoya, sur place des troupes plus nombreuses, plus aguerries, commandées par certains généraux sans aucun état d'âme, voire cruels.

Deux sont restés célèbres – Turreau et Westermann – qui n'hésitèrent pas à commettre des massacres de masse, notamment de femmes et d'enfants, le plus souvent gratuitement. Leurs commentaires personnels confirmant qu'ils s'étaient comportés de cette façon pour se faire apprécier des comités donneurs d'ordre.

Concernant le total des victimes vendéennes et chouanes, un décompte officiel fait état de près de deux cent mille morts. Un chiffre impressionnant, pourtant jugé en dessous de la vérité par certains historiens locaux. Sans surprise, à ce niveau de disparitions, de morts et de massacres, certains n'hésitèrent pas à parler de génocide franco-français.

2.3 Versus le « fédéralisme »

Que fut le « fédéralisme » au moment de la Révolution ?
À la disparition des structures de l'Ancien Régime s'était mis en place un nouveau pouvoir municipal et bourgeois ayant éprouvé le besoin d'affirmer son appartenance à une communauté sous la forme de structures « fédératives ». Dès 1789 fleurirent ainsi des « fédérations » un peu partout en France. Selon Mirabeau, ce mouvement visait à transformer « *une masse amorphe de peuples épars en une nation unie englobant des particularismes locaux* ». Voilà pourquoi, c'est par commodité, et non sans arrière-pensées, que les Montagnards affublèrent leurs ennemis de l'intérieur du

nom de « fédéralistes » sous-entendant que ces derniers voulaient faire sécession de la jeune république.

En réalité, les provinces qui effectivement se révoltèrent après la chute des Girondins, début juin 1793, n'étaient pas dans cet état d'esprit. Ils contestaient simplement la mainmise complète du pouvoir parisien sur le reste du pays. En dehors de la Bretagne et de la Vendée, cela concerna essentiellement quatre grands territoires du pays, le Sud-Ouest, la Franche-Comté, le couloir rhodanien et la Provence.

Sur le terrain, il y eut effectivement, durant quelques mois, des tentatives régionales pour faire pièce au pouvoir parisien, notamment à Lyon, Toulon, Marseille, Bordeaux… Mais deux éléments empêchèrent que ces révoltes « fédéralistes » ne soient guère concluantes. D'une part, l'armée n'obéissait qu'aux ordres de Carnot, à Paris. Donc les manifestants locaux se trouvaient face à des « bleus » disposant de canons ! D'autre part, de nombreux clubs jacobins avaient essaimé partout en France[8] et constituaient déjà un premier barrage à toute tentative provinciale de prendre - et surtout de garder – le pouvoir en région. C'est pourquoi il ne serait pas faux de dire qu'entre septembre 1793 et mars 1794, le Comité de salut public a exagéré volontairement le risque « fédéraliste » pour faciliter, par ailleurs, des décisions intérieures de plus en plus coercitives.

---

[8] Environ 6 000 à la fin 1793

3) Les aiguillons de la Révolution

3.1 La presse

Sous l'Ancien Régime, les journaux ne pouvaient sortir qu'à la condition d'avoir été expressément autorisés. La Révolution balaya cette censure et de très nombreux journaux furent édités durant la période révolutionnaire : 250 à la fin 1789, 350 à la fin 1790. Très souvent, un seul homme se trouvait derrière le journal édité donc l'objet majeur, sinon unique, était de commenter l'actualité révolutionnaire. Naturellement, au fur et à mesure que les évènements avancèrent en intensité, le nombre de titres diminua très sensiblement. Car, s'il était toujours permis d'éditer un journal, il valait mieux pour lui que sa ligne politique soit dans l'air du temps. Durant la « grande terreur » entre le 10 juin 1794 et le 9 thermidor, les Montagnards firent même détruire, par une fureur populaire habilement dirigée, tous les journaux qui leur étaient hostiles.

En tant qu'aiguillons de la révolution, trois titres sont passés à postérité, celui du « *Vieux Cordelier* » de Desmoulins, du « *Père Duchesne* » d'Hébert et surtout de « *l'Ami du Peuple* » de Marat. Entre 1793 et 1794, ces deux derniers titres ont fortement contribué à exacerber la colère des sans-culottes civils et militaires. On peut même rappeler qu'à Paris, les « massacres de septembre 1792 » furent l'œuvre de Marat. Un homme qui réglait des comptes avec une société qu'il haïssait depuis que celle-ci n'avait pas reconnu « à leur juste valeur » ses travaux scientifiques d'antan.

3.2 Les clubs

D'origine anglaise, s'étant bien développés au XVIIIè siècle, les clubs consistaient à réunir des « sociétés de personnes » pour discuter de sujets spécifiques, ayant trait fréquemment aux affaires politiques en cours. Dans le cadre de la Révolution française, un certain nombre d'entre eux eurent un grand succès.
Le premier fut créé par les élus du tiers état de Bretagne, d'où son nom de club breton. Ce fut en son sein que se seraient préparées les mesures importantes votées à l'été 1789. Devenu plus tard « La Société des Amis de la Constitution » et s'étant installé au couvent des Jacobins, il devint plus familièrement « le club des Jacobins ».

Son rôle dans la Révolution fut majeur dès lors qu'il devint un laboratoire des idées discutées (et votées) plus tard à l'Assemblée. Un homme comme Robespierre, très peu écouté à la Constituante, s'est fait réellement connaître aux Jacobins. De leur côté, les constituants n'ayant plus la possibilité de siéger à la « Législative » se dirigèrent en grand nombre vers ce type de structure pour continuer de s'enivrer de politique. Ainsi, tous les hommes de la Constituante favorables à une monarchie constitutionnelle, devenus non éligibles à la Législative, créèrent le club des Feuillants pour continuer de défendre cette idée. Mais faute de relais à l'Assemblée, ce club et les idées qu'il portait disparut progressivement.

En avril 1790 fut fondé également le club des Cordeliers, ouvert à tous et surtout à ceux qui considéraient que la Révolution n'allait pas assez loin, pas assez vite, pas assez fort.

Sans surprise, à compter de ce jour et jusqu'en juillet 1794, à Paris notamment, une concurrence féroce va s'observer entre les Jacobins et les Cordeliers pour proposer des mesures de plus en plus radicales. D'une certaine manière, le principe de l'instauration de la « Terreur » naquit de cette concurrence verbale. Par la suite, d'aiguillons, ces deux clubs devinrent progressivement des poignards, s'éliminant l'un après l'autre.

3.3 La Commune de Paris

Au sein de la Révolution, la commune de Paris en fut sans doute l'aiguillon le plus marquant. Instance particulière, élue par de nombreux sans-culottes eux-mêmes divisés en sections quadrillant la capitale, disposant en propre d'une garde nationale, la Commune de Paris joua un rôle prépondérant dans de nombreux évènements où la force prima le droit.
Ce fut à son initiative qu'après s'être transformée en commune « insurrectionnelle », le roi fut arrêté le 10 août 1792. Ce fut elle encore qui obligea l'Assemblée à lui livrer Louis XVI et à l'enfermer au Temple. Ce fut sous sa pression que fut mis en place le Tribunal révolutionnaire et ce fut avec l'aide des sans-culottes, conditionnés par Marat, que furent perpétrés les massacres de septembre 1792.

Plus tard, c'est au sein de cette instance particulière que l'on trouva les éléments les plus déterminés pour effectuer une pression « physique » sur les députés du « marais » afin que ces derniers votent l'élimination des Girondins, à la demande des Montagnards.

Quant à la « Terreur », elle ne put s'exercer qu'en raison du caractère violent des plus déterminés des sans-culottes de Paris, exécutant avec zèle les directives du Comité de sûreté général. Ce fut la Constitution de l'an III qui démantela le pouvoir municipal parisien en août 1795.

4) <u>Les « scories » de la Révolution</u>

Comme lors de tout événement exceptionnel, des effets d'aubaine peuvent voir le jour. La Révolution française n'échappa pas à ce phénomène. Dès lors, un certain nombre de « révolutionnaires », parfois célèbres, tentèrent de profiter de cette période trouble pour s'enrichir à titre personnel.

Le premier dossier qui vient à l'esprit est celui de la liquidation de la Compagnie des Indes, qui fut le principal scandale politico-financier de l'époque. Une compagnie qui avait reçu le monopole du commerce maritime français, mais qui fut ruinée par les guerres coloniales et maritimes de la fin du XVIIIe siècle.
Une société dont il fallait assurer la liquidation en pleine période révolutionnaire, en 1793 précisément. Pour résumer ce qui fit scandale, c'est que grâce à des faux en écriture et des pots-de-vin accordés à de nombreux députés montagnards (dont Chabot, Fabre d'Églantine et Delaunay), ce fut en définitive la nation elle-même, et non les actionnaires de la compagnie, qui apura le plus gros de cette liquidation à perte.

D'autre part, notamment entre 1789 et 1791, de nombreux députés acceptèrent des pots-de-vin pour éviter la mort de Louis XVI ou pour faciliter l'avènement de Philippe d'Orléans à un trône devenu vacant. Des « révolutionnaires » achetables donc. Ce qui ne fut pas tout à fait le cas de Danton. Selon ce dernier on pouvait, certes, le « payer » mais pas « l'acheter » Pour ce géant jouisseur, tout était une question de sémantique…
Pourtant, même s'ils s'en défendirent à l'époque, les historiographes ont établi depuis et avec certitude qu'une fois au pouvoir, Danton, encore lui, ses amis et bien d'autres mélangèrent, quand ils étaient au pouvoir, certains fonds publics avec leurs avoirs personnels.

D'autres types de malversations financières furent, d'ailleurs, mis en évidence. Ceux faits notamment par certains représentants en province des comités parisiens (Collot d'Herbois, Billaud-Varenne, Barras, Carrier…) ou de l'Assemblée (Danton, Delacroix, Legendre…). Ces indélicatesses constatées prirent, au choix, la forme de prise de participation dans de (récentes) sociétés de fournitures choisie par l'armée française. Ou le versement de pots-de-vin de certains fournisseurs aux envoyés des comités, ou enfin les soultes touchées par des députés afin de permette à des aigrefins de vendre (cher) des fournitures de piètre qualité aux armées.

5) Les « héros » de la Révolution

Il manquerait quelque chose si on ne disait pas quelques mots à propos des grandes personnalités de la Révolution. Il ne s'agit pas ici de dresser un quelconque podium d'autant que selon l'auteur quatre « révolutionnaires » méritent bien qu'on leur consacre un additif particulier. Par ordre d'entrée en scène, nous évoquerons donc ci-après les cas particuliers de Mirabeau, Danton, Carnot et Robespierre.

5.1 Mirabeau

Honoré Gabriel Riquetti, comte de Mirabeau était sans doute le plus brillant de tous. Débauché, duelliste, pamphlétaire, « panier percé » il cumulait de nombreux défauts officiels, mais avait une qualité rare. C'était un tribun qui fascinait son auditoire, non pas par la puissance de son verbe, comme le fera plus tard Danton, mais par la subtilité de ses propos qui rendait intelligent son auditoire. Ayant rapidement compris l'opportunité qui s'offrait à lui de dominer la nouvelle scène qui se mettait en place, il devint vite incontournable à la Constituante. Mais Mirabeau restait « comte » dans l'âme et ne croyait qu'en une monarchie rénovée. Il fut donc le premier des apprentis « révolutionnaires » à comprendre qu'il fallait être prudent avec ce que l'on était en train de lever, que la machine pouvait s'emballer, que tout ceci pouvait se terminer très mal, surtout pour la classe qu'il représentait. Voilà pourquoi il n'hésita pas à mélanger les genres en conseillant secrètement Louis XVI qui, au passage, épongea ses dettes.

Mirabeau ne fut sans doute pas le traître qu'on dénonça plus tard mais un homme perspicace qui « devinait » les débordements futurs avant que ceux-ci n'aient lieu. À propos de perspicacité, comment ne pas apprécier le jugement prémonitoire qu'il porta sur Robespierre alors que celui-ci, à l'époque, ne représentait rien et ennuyait tout le monde : *« Cet homme ira loin, il croit tout ce qu'il dit… »*

5.2 Danton

Georges Danton restera toujours un « révolutionnaire » méritant une attention particulière. La Révolution ayant été une période où le temps s'est accéléré à grande vitesse, chaque moment vécu était le plus souvent intense, riche en évènements, générant des émotions fortes qu'aucun acteur de cette période n'avait connues jusqu'alors. Danton n'échappa pas à ce tourbillon, surtout pas lui.
Il n'était rien (comme tous les autres) et cette révolution lui permit de faire éclater, à la face du monde, combien il était brillant en société, tonitruant à la tribune des Cordeliers, des Jacobins, de l'Assemblée. Il parlait sans notes, d'une voix de stentor, mais lui, à la différence de Mirabeau, impressionnait avec sa grosse tête et sa stature. De 1790 à 1792, Danton laissa aller son tempérament porté à dire tout haut des choses qu'il ne pensait pas vraiment car au fond, c'était un « acteur » de l'événement. Puis, en 1793, ce fut le temps des responsabilités, de la gestion de la guerre et des choix politiques à faire, de plus en plus difficiles.

Sans surprise, au fur et à mesure que cet homme prit du poids, dans tous les sens du terme, il commença à réfléchir et à faire le même constat que Mirabeau avait fait bien avant lui. Si on continuait comme cela, on courait à la catastrophe… un constat d'autant plus évident pour lui qu'il s'était marié, commençait à prendre conscience qu'il avait désormais, lui aussi, des choses à perdre, notamment certaines de ses rapines révolutionnaires, bien réelles. Au printemps 1794, dépassé par l'emballement de la « Terreur », Danton s'est montré fatigué de cette « révolution » et du sang versé inutilement. Lui qui fut longtemps l'archétype du battant et du jouisseur de la vie, il alla à la guillotine, presque avec soulagement, en ne s'interdisant surtout pas une dernière pirouette verbale qui le décrivait si bien *« Bourreau, tu montreras ma tête au peuple, elle en vaut la peine… »*

5.3 Carnot

Lazare Carnot. Un militaire exceptionnel et finalement assez mal connu du grand public. Il faut bien rappeler que lorsque la « patrie fut déclarée en danger », c'est qu'elle était à l'époque en passe d'être envahie par les armées de la Ière coalition. Et que si cette invasion avait réussi (comme cela arrivera plus tard… donc la chose n'était pas impossible), la Révolution française, celle des années 93-94, n'aurait jamais pu se développer ! On en parlerait alors d'une façon très différente dans les livres d'Histoire.

Mais au Comité de salut public, existait cet homme – Lazare Carnot – en charge de l'organisation militaire et matérielle des armées, de la stratégie globale des mouvements de troupes, de la liaison permanente entre le militaire et le politique. Un homme exigeant, froid, d'une intelligence exceptionnelle, qui dormait sur place, que Robespierre n'aimait naturellement pas pensant (bien à tort car ce n'était pas un politique) que seul cet homme-là pouvait le remplacer.

Jusqu'à la victoire finale, tout au plan militaire, a donc reposé sur Carnot, qui n'a pas volé sa place au Panthéon des grands hommes. Si ce grand soldat sauva sa tête en juillet 1794 c'est que les « thermidoriens », et notamment Barras, savaient qu'on ne gâche pas un homme pareil, dans l'incertitude militaire du présent et du futur. Plus tard, Carnot, qui était politiquement un homme bien plus démocrate que beaucoup, s'opposa à Bonaparte, trop autocrate à ses yeux.

5.4 Robespierre

Vient désormais le dernier des personnages sur lequel il y a lieu de s'arrêter. Maximilien de Robespierre, « l'incorruptible ». L'historiographie est abondante sur la période examinée. Ceux qui s'intéressent à ce moment sensible de notre histoire disposent donc de nombreuses sources. Les discours de Robespierre sont par ailleurs pléthoriques puisque n'étant qu'un piètre orateur, il développa ses idées essentiellement par la plume. D'ailleurs, il n'était même pas un brillant épistolier. Passant une grande partie de ses nuits à écrire, en raturant sans arrêt, cherchant la phrase juste, celle dont il pensait que son maître à penser - Jean-jacques Rousseau – écrirait s'il était à sa place. C'était donc un laborieux au physique afféré, myope et l'air assez dédaigneux de tout ce qui n'était pas dans sa ligne, c'est-à-dire presque tout le monde. Pas d'amis véritables, encore moins de confidents, pas d'attirance pour le sexe dit faible, pas de vices connus sinon l'orgueil, pas d'appétit, pas de hobbies, pas de faiblesses patentes… un ascète de la politique !

Le hasard voulut qu'il soit contemporain de cette révolution qui était tout son contraire, vivante, bruyante, violente, tempétueuse. Son aura finale est venue du fait, que les sans-culottes, seuls représentants du « peuple parisien » dont tous les révolutionnaires bourgeois truffaient leurs discours, ne croyaient plus qu'en lui, la « vertu » incarnée alors que les autres étaient « tous pourris ».

Et puis, classiquement, la mue s'est opérée. Lui, que personne n'écoutait, à ses débuts *« si le comte de Mirabeau est le flambeau de la Provence, monsieur de Robespierre est la chandelle d'Arras…»,* voilà qu'il va prendre de l'importance, qu'il va entraîner, qu'il va devenir incontournable. Mais comment être sûr que la « vertu » triomphe ? Il ne voit qu'une solution, « la terreur », celle qui lui permettra au passage de marcher seul devant tout le monde à la fête de « l'Être suprême » s'arrêtant devant la statue du commandeur lui renvoyant sa propre image. En raison des angoisses perpétuelles de cet homme, de tempétueuse, la révolution va devenir sanglante, malsaine jusqu'au dernier degré… Mais, finalement, Robespierre n'était qu'un apprenti dictateur. Décrété d'arrestation, il aurait pu, à un moment donné, retourner peut-être la situation à son avantage. Les sans-culottes y étaient prêts. Il s'y est refusé, car *« ce n'était pas légal… »* un honnête homme finalement mais un pur idéologue qui s'est perdu dans les méandres complexes d'une pensée tortueuse.

- **<u>Conclusions</u>**

Ces quelques réflexions sur la Révolution Française s'achèvent. Une révolution qui débuta, finalement, plutôt moderato[9] pour se terminer dans un bain de sang (2 000 exécutions capitales à Paris, pour le seul mois de juin 1794) ;
De fait, les partisans d'une monarchie constitutionnelle étaient pourtant très majoritaires, en 1789. Il fallut de nombreuses fautes du roi et de son entourage pour changer le cours d'évènements qui semblaient écrits d'avance. Une fois que la symbolique royale et la stupeur furent tombées, on s'est alors retrouvé dans un schéma classique d'opposition politique, davantage axée sur des rivalités de personnes. On ne s'entrebattait plus pour faire la révolution – l'essentiel avait été acté en août 1789 – mais pour occuper la place. Tous d'accords initialement pour exagérer les risques que faisait courir l'ennemi intérieur (les fédéralistes, les Vendéens, les royalistes...) les révolutionnaires confirmèrent le vieil adage selon lequel le pouvoir se prend et ne se partage pas. Dans le prochain tome de cette collection, on abordera (notamment) la période du Directoire. Cinq « Directeurs » qui vont s'entrebattre durant quatre ans - de 1795 à 1799 - pour tenter d'incarner le pouvoir exécutif. Cinq de trop finalement... du moins si l'on en croit le point de vue d'un certain Bonaparte !

✶✶

---

[9] Malgré le sang versé à la Bastille

INDEX DES AUTRES PERSONNALITÉS NE FAISANT PAS L'OBJET D'UNE FICHE

- Augereau Pierre (maréchal d'empire) 125
- Babeuf Gracchus (révolutionnaire) 33/38
- Barbaroux Charles (girondin) 30
- Barnave Antoine (monarchien) 18/19/20/21/141 142
- Barras Paul de (directeur) 32/36/100/117/118 120/148/158/159
- Basire Claude (montagnard) 38/40/127
- Boissy d'Anglas, comte de (monarchien) 29/148
- Bonaparte Napoléon (empereur) 17/21/36/39/56/57 61/62/64/65/69/85 87/90/92/94/100 120/138/148/149 151/159/164
- Bonaparte Pauline (duchesse) 36
- Bouchotte Jean-Baptiste (militaire) 97
- Breteuil Louis de (diplomate) 73
- Brune Guillaume (général) 87/125
- Brunswick, duc de (feld-maréchal) 99/143
- Cadoudal Georges (royaliste) 64
- Cambacérès Jean-Jacques de (juriste) 120/148

- Carnot Sadi (président de la République) 62
- Carra Jean-Louis (journaliste) 68
- Chalier Joseph (magistrat) 113
- Chancel Jean Nestor de (général) 98
- Choiseul duc de (ministre) 58
- Cloots Anacharsis (hébertiste) 40/52
- Comte d'Artois (frère du roi) 122
- Comte d'Harville (général) 95
- Comte de Provence (frère du roi) 64/65/69/78
- D'Alembert Jean le Rond (Physicien) 14
- D'Hervilly Louis Charles (militaire) 108
- De la Caussade Fernand (général) 95
- De Lessart de Valdec (royaliste) 20
- De Rohan M-L (Mme de Marsan) 76
- De Saxe-Teschen (gouverneur général) 95
- De Saxe-Cobourg (prince) 65/96/98
- Delacroix Jean-François (Montagnard) 158
- Delaunay Joseph (montagnard) 38/157
- Dessalines Jean-Jacques (militaire) 87
- Diderot Denis (écrivain) 14
- Fouché Joseph (ministre) 32/34/37/65/113 117
- François II (empereur du SEG) 124
- Franklin Benjamin (personnalité) 132
- Frédéric-guillaume II de Prusse (roi) 124
- Frederick d'York (feld-maréchal) 97

- Gabrielle de Polignac (duchesse)   70
- Gamain François (serrurier)   128
- Godoy Manuel (politique)   126
- Grouchy Emmanuel de (général)   66
- Guillaume V de Hollande (stathouder)   103/125
- Helvétius Claude-Adrien (philosophe)   14
- Houchard Jean-Nicolas (général)   97
- Joubert Barthélemy (général)   125
- Julien jean (montagnard)   38
- La Fayette, marquis de (général)   21/128
- Lally-Tollendal Thomas (militaire)   71
- Le Bas Philippe (Montagnard)   42
- Leclerc Charles (général)   36/87
- Legendre Louis (Montagnard)   158
- Louis de France (dauphin)   76
- Louis V de Bourbon-Condé   31/59/74/99/147
- Louis XVI (roi)   17/20/22/23/44/45/51/54/68/69/70/71/75/76/82/88/101/109/126/128/131/140/142/143/144/151/156/158/159
- Louis XVII (roi putatif)   122
- Maillart Stanislas (sans-culotte)   19
- Malesherbes Chrétien de (magistrat)   109
- Malouet Pierre-Victor (monarchiste)   20/68/75

- Marie-Antoinette (reine de France) 52/70/76/88
- Marie-Josèphe de Saxe (dauphine) 76
- Marie-Thérèse (fille de Louis XVI) 126
- Maurras Charles (écrivain engagé) 74
- Merlin de Thionville A. (montagnard) 40
- Michelet Jules (historien) 31/51
- Mirabeau, comte de (monarchien) 21/68/128/141/144 152/158/160/161 163
- Molleville Antoine de (royaliste) 68
- Momoro Antoine-françois (hébertiste) 52
- Moncey (maréchal d'empire) 126
- Moreau Victor (général) 57
- Narbonne-Lara, comte de (royaliste) 20
- Necker Jacques (ministre) 68/69
- Pache Jean-Nicolas (girondin) 112
- Pitt William (Ier ministre) 54/94
- Proly Berthold (hébertiste) 40
- Puisaye comte Joseph de (militaire) 108
- Reubell Jean-François (directeur) 125
- Ricardos Antonio (général) 57/101
- Rochambeau Jean-Bapt de (général) 59
- Ronsin Charles (hébertiste) 52
- Rossignol Jean (hébertiste) 52
- Rousseau Jean-jacques (écrivain) 74/131/132/162
- Ruelle Albert (modéré) 123

- Santerre Antoine (général) 109
- Sapinaud chevalier de (chef vendéen) 122
- Sieyès Emmanuel (directeur) 71/125/148
- Souham Joseph (général) 97
- Tallien Jean (thermidorien) 117/118/148
- Théo Catherine (mystique) 32
- Vincent François (hébertiste) 52
- Voltaire (écrivain) 71/72/132
- Von Freytag Wilhelm (maréchal) 97
- Von Hardenberg Karl (diplomate) 124
- Von Wurmser Sigmund (feld-maréchal) 99